U0451287

江苏"道德发展智库"成果

"2011计划""公民道德与社会风尚协同创新中心"成果

过河卒子

——美国全球战略布局下的华人移民

蒋其蓁 著

中国社会科学出版社

图书在版编目(CIP)数据

过河卒子：美国全球战略布局下的华人移民 / 蒋其蓁著. —北京：中国社会科学出版社，2018.8
ISBN 978 - 7 - 5161 - 9289 - 4

Ⅰ.①过⋯　Ⅱ.①蒋⋯　Ⅲ.①华人—移民—研究—美国　Ⅳ.①D771.238

中国版本图书馆 CIP 数据核字(2016)第 270784 号

出 版 人	赵剑英
责任编辑	周晓慧
责任校对	无　介
责任印制	戴　宽

出　　版	中国社会科学出版社
社　　址	北京鼓楼西大街甲 158 号
邮　　编	100720
网　　址	http://www.csspw.cn
发 行 部	010 - 84083685
门 市 部	010 - 84029450
经　　销	新华书店及其他书店

印刷装订	北京君升印刷有限公司
版　　次	2018 年 8 月第 1 版
印　　次	2018 年 8 月第 1 次印刷

开　　本	710×1000　1/16
印　　张	13.5
字　　数	176 千字
定　　价	58.00 元

凡购买中国社会科学出版社图书，如有质量问题请与本社营销中心联系调换
电话：010 - 84083683
版权所有　侵权必究

谨以此书献给我挚爱的家人

总序　"社会"情怀

美国伦理学家麦特·里德雷在《美德的起源》中提出了一个发人沉思但却未引起必要关注的问题："谁偷走了社会？"这是一个伦理学追问，其实毋宁当作一个社会学诘问。美德的匮乏与异化悄悄而又蚕食般地"偷走"了人类天性中"社会"的良知良能，然而，在以洞察与保卫"社会"为天命的社会学和社会学家那里，也许从一开始便暗度陈仓地将"社会"从人类情感和理性中"偷走"，只是它像上帝抽走亚当的肋骨创造了夏娃那样让当事者浑然不觉，直到"偷"食智慧果，因为导致实体性世界一去不复返的"别"的原罪而被逐出伊甸园，才在永无止境的赎罪中朝着那个无限眷恋的家园跋涉回归。社会，到底是人类本有的伊甸园，还是社会学家偷食智慧果异化而成的检阅人类本性的救赎场，实在是一个应该质疑而没有被质疑的问题。

人们常言"家国情怀"，然而仔细思忖才幡然醒悟，在这个无限温馨而又无比博大的"情"和"怀"中，却留下一个无情无怀的旷野，旷野中孑立着一个啼哭嘶鸣的孤儿，这便是"社会"。不错，在家国一体、由家及国的五千年文明的"国家"襁褓中，中国人一开始就携带着修身齐家治国平天下的基因，家是永远的守望，国是家的放大，是"故乡"或"家园"的聚集地和伊甸园，于是诞生了一个令全世界羡慕也让异质文明难以理解的独有的"国家"情怀——"祖国"，"祖国"就是由家及国的家国情怀的生命胚胎。然而，也正因如此，五千年文明的重大难题,就是如何完成"家"—"国"之间的这个巨大跨越。耸立、横亘于家国或家庭与国家之间的"社会",不是更不应当是险峻汹涌的鸿沟,也不是荆棘丛生的原始森林,而是也应当是一衣带水的"情怀"。中国先贤以仁兼爱,以推己及人,以"先天下之忧而忧,后天下之乐而乐"缔造着家国之间的精神脐带,开掘着家国之间的通天河。先人浑然不知它是"社会",只是有一天,从西方舶来一艘被尊为"社会学"的方舟,于是启蒙,于是以一个个思想、一个个体系,架起家国之间的千沟万壑。人们不知道什么是"社会",更不知道什么是"社会学",只知道这里没有"情怀",也不应该有"情怀",它是家国情怀之间的荒原,似乎唯有如此才足以成为人生真实的舞台。它向全世界宣告,社会和社会学只有事实,只尊重事实,也只呈现事实,它拒绝"情怀",也拒绝一切在社会学看来是忸怩作态的所谓"价值",由此才能保持"事实"的贞洁,否则便不是"社会",也不是"社会学"。

　　社会学到底是一个舶来品,还是一道本土"农家乐",其实是一个说不清也不需要说清的问题,因为即便"洋货"也并不一定就代表"现代",更何况该死的"现代性"当今已如过了热恋期的情人一般产生了审美疲劳,重要的是无论舶来还是本土,只有进入中国人的胃,经过胃酸反应转化为营养和能量,才能真正被吸收,而吸收本身已经说明具有消化能力甚至相通的基因。社会学流入中国之初被翻译或被中国人的文化之胃消化为"群学"。荀子在两千多年前就发现,人力不若牛,走不若马,而牛马为之用,何也?"人能群,彼不能群也。""群"和"能群"是人之异于也是贵于动物的最大卓越。然而,如果将"社会学"移植为"群学",会遭遇两大难题。其一,不少动物也能群,譬如作为百兽之王的狮子,便是群居的动物,在万马奔腾的动物大迁徙中,如果牛马也能群,别说获取猎物,那些由一只只铁蹄耸立而成的移动的"森林"足以将那些血盆之口洞开的狮子踏成肉泥。其二,"群学"似乎也遮蔽了价值,虽然"群"的形成期待荀子所说的"化性起伪""制礼义而作法度",但"不群不党"自孔子以来历来是中国人的君子风度,"遗群独立"更是一种超然气派。

在中国文化中徜徉一番,就会发现"社会"和"社会学"已经体现它与"society"和"sociology"的精微而深刻的差异。无须考证"社会"或"社会学"的概念何时在中国粉墨登场,望文生义,它是由"社"与"会"构成的偏正结构,其精义是由"社"而"会",因"社"而"会"。"会"即相会,即"群",即"在一起",而"社"在传统文化中是土神。"社"是中国文明初年最小的行政单位,《汉书》云:"旧制,满二十五家为一社。"更重要的是,"社"是"会"的理由和基础。中国传统经济社会结构是一家一户的小家经济,其典型图像即老子所描绘的"鸡犬之声相闻,民至老死,不相往来"。然而,以祖先崇拜为信仰的家庭和家族虽然在经济上和精神上高度自给自足,形成自给自足的自然经济与自给自足的自然伦理的互补互动,但诸家庭和家族之间无论多么具有同一性,也并不真的"老死不相往来","社"就是同一性的精神和价值基础。一年之中,某个共同的时日,大家必须走出家庭,祭祀共同的衣食之源,这就是"社",即土神,此时此地,彼此相"会",于是"社会"诞生。因此,"社会"在语义哲学上,话语重心不仅在于"会",而且在于因何"会",为何"会"。"会"是事实,而"社"则是"会"的价值基础和同一性力量。"社会"的概念,已经隐喻着事实与价值的统一,并且"社"的价值与价值认同,成为"会"的前提。正因为如此,无论"社会"还是"社会学",都不可能完全是"事实",因为离开"社"的价值认同,"会"将成为泡影甚至不可能发生,即便"会"了,也是同床异梦的乌合之众,根本不能"群"。

唠唠叨叨这么多,无非以一个门外汉的角度,隔山观海地妄言,社会学需要新思维,需要走出那个一厢情愿地自设的预防其他学科入侵而围墙高筑的城池,与世界接壤,与文明联姻,与生命和生活合流。

不过，这一切都是明修栈道，真正的"陈仓"是我们正在启动的"东大社会"这个展示东大社会学学人眼界与功力的学术工程。提到学科发展，当下的学术时尚总是要慎终追远地恨不能追溯到三皇五帝，然而，当大街上的面包店都已经标上"Since 2007"之时，这种做派未免过于俗套。况且即便老祖宗曾经风光无限，如果一不小心，我们的学科和学术还刚刚起步，那么岂不有太多的人都成了败家毁业的不肖子孙。我们的学术、学者和学科都应当有伦理的底线和基本的抱负，我们不应当做传统的消费者，而应当创造新的传统，为传统的宝库增添新的财富。况且，东大这个即将120岁的百年老校，曾经的中国第一大学，无论在历史的哪个库存中寻觅，怎能不捧出几尊让世人肃然起敬的大佛。对我们来说，重要的不是祖上如何佛光冲天，而是今天是否依然薪火相传。东大的社会学不是中国最大的，也不是最强的，但却是最有特色的，至少是最有特色的社会学之一。我们从全世界当然也包括国内社会学的高地上引进了一批批年轻而又具有宏大抱负的青年学者一同创业，他们是有真情怀、有大情怀，在经受欧风美雨的洗涤之后依然对"社会"倾注了深切情怀的可爱可敬可期待的年轻人，东大社会学在其复建之初就表现出不入俗流的探索勇气，从一开始它就与哲学尤其是伦理学团队深度交流合作，在价值与事实、思辨与实证的多重维度相互影响下，形成了不同于其他社会学重镇的特殊风格，积累了体现自身特点的研究成果。经过一段时期的严肃思考，我们决定陆续出版大型"东大社会"学术丛书，它将是完全由包括东大师生在内的东大学者完成的体现东大风格的作品。"东大社会"一方面是东南大学社会学的学术成果，另一方面也是东大社会学这个学术共同体的"社会"关怀和"社会"气质的学术呈现。初期的成果也许并不特别丰硕，但如果我们春蚕吐丝般地坚持下去，一定会延绵无疆，交织成一幅学术上的锦绣河山。

我们有自己的基因、坚守和抱负，一言以概之，我们的学术追求和学科气质是"社会情怀"。我们不只有炽烈的家国情怀，还有同样炽烈的"社会情怀"。我们将社会与家庭、国家那样当作自己安身立命的生命共同体和精神家园，我们像家庭和国家那样对"社会"采取认同的态度，誓言以"社会情怀"为推进社会发展尤其是中国社会发展，破解社会学前沿性难题做出我们创造性的学术贡献——

以"社会情怀"续写家国一体、由家及国的中国文明道路的新气派。在人类文明史上，中国的家国一体与西方的家国相分是两条迥然不同的文明路径，西方社会学的高地建筑于家国相分的断裂带，它在对失去的家园投上无奈一瞥之后，含辛茹苦地给原子式的个人一个聊以遮风避雨的归宿，但却从未放弃对家园的向往，丹尼尔·贝尔的"第二家庭"理论便传递了来自文明深处的这种情愫。传统中国以修身齐家治国平天下的情怀建立身家国天下一体贯通的文明体系与精神世界，家庭的绝对地位被梁漱溟诠释为社团生活不发达的自我诉求，于是作为家庭与国家中介的社会便成为文明和学术的永恒课题。毛泽东以非家非国而又即家即国的"单位制"或"单位社会"创造性地将家与国血肉相连，然而经过40年改革开放之后"单位制"向"后单位制"或"无单位制"的过渡，使"社会"再次成为中国文明的前沿课题，这一课题的破解如此重要，乃至关乎文明道路，关乎文明自信。"东大社会"誓言以"社会情怀"致力于破解这一文明难题，不仅为建构中国社会学的新气质和新气派，而且为中国文明的血脉延续做出自己独特的学术贡献。

以"社会情怀"走出"市民社会诅咒"。改革开放之后，现代西方社会学飘洋过海不远万里再次来到中国，第一次启蒙便是"市民社会"的智慧果，曾几何时，"市民社会"被当作现代社会的风向标，然而偷吃这一智慧果之后才猛然发现，"市民社会崇拜"所迎来的是"市民社会诅咒"。"市民社会"是什么？"市民社会"理论的缔造者黑格尔在两百多前就发出了忠告："市民社会是个人利益的战场""是个人利益相互冲突的舞台","是一切人反对一切人的战争"。这里没有情怀,只有利益;没有实体,只有个体;没有港湾,只有欲望的汹涌洪流。正因为如此,黑格尔才将一切的希冀和全部希望托附于国家,由此这位天才的社会学家和哲学家才成为最保守的法哲学家。"东大社会"将以"社会情怀"走出"黑格尔诅咒"或"市民社会诅咒",誓言将"战场"变"家园",将"冲突"变"牵手",在"市民社会"的硝烟中赋予原子式个人以实体性的伦理家园。在这里,不仅有冷峻的"事实",更有温馨的"价值";不仅有漫游的个体,更有作为芸芸众生最后归宿的实体。一句话,这里有家园,这里有故乡,这里不仅有"生活",更有"好的生活"。理由很简单,苏格拉底说过:"好的生活胜过生活本身。"

"东大社会"誓言要创造一个有情怀的社会,要探索一种有情怀的社会学,要做一个有情怀的社会学人!

无疑,我们离目标还很遥远,我们唯一的承诺是:

我们正在努力!

我们将永远努力!

樊浩

2018年7月酷暑识于故乡泰兴

目　　录

前言 …………………………………………………………………（1）

第一章　重新定义公民身份 ……………………………………（1）
　一　研究问题 ……………………………………………………（1）
　二　领土、主权与人民之间关系的再思考 ……………………（2）
　三　文献回顾 ……………………………………………………（9）
　四　研究对象 …………………………………………………（18）
　五　资料收集与分析 …………………………………………（21）
　六　章节摘要 …………………………………………………（22）

第二章　西方公民身份论考 …………………………………（24）
　一　公民身份内含的权利结构 ………………………………（27）
　二　代表财富、权利和地位的公民身份 ……………………（31）
　三　公民和未来公民在新自由主义思潮中的位置 …………（42）
　四　跟随全球资本和劳动力流动的未来公民 ………………（48）
　五　结语 ………………………………………………………（58）

第三章　美国的移民政策与其在全球开展的远端控制 ……（60）
　一　资料来源 …………………………………………………（62）

二　从国际观点观察美国移民法案史 …………………… (66)
　　三　美国领土、主权和移民政策 ………………………… (69)
　　四　结语 …………………………………………………… (100)

第四章　跨越太平洋的华人移民 ………………………………… (103)
　　一　第一阶段：无法成为美国公民的华人移民社群 ……… (105)
　　二　第二阶段：美籍华人与全球华人资本市场网络 ……… (115)
　　三　结语 …………………………………………………… (125)

第五章　中国台湾移民参与美国政策的学习曲线 ……………… (127)
　　一　支持"台湾独立"的移民论述背景 …………………… (130)
　　二　跨国政治运动的机会结构与美对台政策 ……………… (133)
　　三　政治体制外的游击策略 ……………………………… (145)
　　四　美国政治体制的驯化作用 …………………………… (156)
　　五　结语 …………………………………………………… (162)

第六章　结语 ……………………………………………………… (165)
　　一　国家的布局与局中的移民卒子 ……………………… (165)
　　二　建立理解移民现象的宏观架构 ……………………… (165)
　　三　设计新的移民研究框架 ……………………………… (166)
　　四　扩大资料收集的方法 ………………………………… (167)
　　五　正视华人移民的多样性 ……………………………… (168)
　　六　未来研究 ……………………………………………… (170)

参考文献 …………………………………………………………… (171)

图目录

图1.1 不断扩张的美国领土 …………………………………（3）

图1.2 不同时期新取得的领土（1—4）………………………（6）

图1.3 美中之间经过美国领土的贸易航线 …………………（8）

图1.4 由中国通商口岸经印度洋沿岸港口的贸易航道 ………（8）

图1.5 中国城移民社群 ………………………………………（20）

图1.6 中国台湾人移民社群 …………………………………（20）

图3.1 影响移民法案的因素 …………………………………（69）

前　言

本书描述的是华人移民在踏上美国的领土后，用尽方法争取美国公民权的过程。一旦决定移民，华人移民就像过河的卒子一般，没有回头路了，只能拼命向前，以后的生活就得依靠美国政府和美国社会的接纳，从此华人家庭的命运就与美国社会息息相关。

卒子过了河之后，河的另外一端是争取拥有合法的美国公民身份，争取拥有能够完全行使美国公民身份的权利。对新移民来说，法律的身份只是一个进入的门票，更重要的是伴随着身份的取得，所能行使权利的义务和内容。后者，才是美国社会对新成员认可的标志，是美国人民对家族新成员的接纳。对华人移民来说，这一段从新移民（new immigrants）到我们人民（we, the people）的过程，从法律身份到拥有实质公民权利的过程，走到现在两百多年了，还没触及河的另一岸。

本书就是在这样的情境脉络下孕育而生的，书中的内容围绕着美国自立国开始，在每一个国家转型时期，对来自不同国家新移民团体的需求，同时，也论及未获美国政府移民政策钟爱的新移民团体，如何借由美国社会的资源和社会关系的网络，极力争取与美国其他公民团体一样的平等待遇。如同联合国 1948 年的《人权宣言》所述，认识到人类家族所有成员与生俱来的尊严和每个成员所应享有的平等、不可剥夺的权利，是这个世界自由、正义与和平的基础（Recognition of the inherent dignity and of the equal and inalienable rights of all members of the human

· 1 ·

family is the foundation of freedom, justice and peace in the world)。对华人新移民来说，美国政府和社会如能认识到美国家族里所有成员与生俱来的尊严和每个成员所应享有的平等、不可剥夺的权利，是维持美国立国精神自由、平等与和平的基础。直到那天来临，过河的卒子才能稍稍喘口气，享受回家的感觉。

第一章　重新定义公民身份

一　研究问题

走在美国的都市中，很容易辨认每个社区中移民的组成，因为街道上会充满着带有族群文化的符码，例如，纽约市中国城和小意大利区里的食物香气，社区周遭的景象也充满着吸引人的异国风情。任何人走在这些社区的街道上都很难不觉得好奇：这些移民社群是在什么样的情况下进入美国，并建立起自己的空间的？他们又是如何在不断有新移民移入的同时，还能继续让他们的族群空间能为大家所辨识？社会学研究者可能还会深入地提出一些并不明显的问题。移民的活动空间和内容放在美国全球扩张的脉络之下，我们所见是否不仅是移民在移入国生存适应的结果？是否也受美国外交政策的影响而发生变异？还有，当新移民的族群认同与不断更新的美国（主权）领土相交会时，移民的公民身份定义是否会发生变化？

我对这些问题的探讨，主要受到下列学术研究的启发。一是学者对都市空间（urban space）[1]、地域空间（local space）和族群空间（ethnoscape）[2] 等空间建构背后的多重主体性的讨论；二是学者对西方文明中不断变迁的公民身份[3]的讨论。依循这些讨论的思考脉络，本书对公

---

[1] Lefebvre，1996.
[2] Appadurai，1996.
[3] Isin，2002；Ong，1999；Bloemraad，2006.

民身份的讨论置放于一个特定的时空脉络中，其目的是强调出公民身份内容是一个动态的过程。因为美国领土的概念与范围在历史上有着明显的转变，所以以美国为探讨对象，可以有效地帮助我们厘清国家主权概念与体现主权的公民身份行使之间的相互影响。换句话说，将美国公民身份的演化与不断变迁的世界政治和全球经济联结起来，我们可能就会了解新移民与美国主权变化的关系，甚至他们是否就是实现美国主权向外延伸的关键。

　　本书就是在这样的出发点上，了解新移民成为美国人的过程的，以及这个过程本身在漫长历史中的变化。移民的身份转换并不是在拿到公民身份后就完成的，而是需要不断探索和试验。以华人为例，在美国建国初期一百多年的时间里，美国的发展需求与华人并没有密切联系；此时，华人也就不具有取得美国公民身份的资格。不过，当时的华人仍然等待未来成为美国公民的机会，不停歇地在美中之间活动。当美国逐渐深入亚洲进行布局，华人的角色地位开始变得重要。特别是第二次世界大战后，美国需要华人世界在金融市场和地域政治上的支持。终于，华人顺利地取得美国公民身份的资格，成为占美国总人口4%的亚裔族群的一分子。这是一个艰辛的过程，但在某些方面，身为少数族群的华人移民就像过河卒子一样，只能往前。卒子们知道，一旦三心二意，犹疑后退，他们就无法被美国主流社会接纳，生存的机会更形渺茫。

二　领土、主权与人民之间关系的再思考

　　近两个世纪以来，美国的领土及其影响范围从未停止扩大（见图1.1）。在进行独立战争之前，美国人活动的空间仅限于殖民地的13个州（图1.2（1）），其殖民地时期的移民政策也受到州政府管辖的影响，只以满足各州的开垦需求和经济发展为主。此时要招募的移民同质性高，语言相通，而且对英国殖民政府有着不满的人。美国独立战争之

第一章 重新定义公民身份

后,为了避免涉入旧欧洲连年不断的战争,以及抵抗新殖民帝国在美洲大陆的势力竞逐,美国在经历了一场又一场的战争洗礼和外交斡旋后,才开始采取向外推进国界的策略,以维护这个新国家主权的完整。

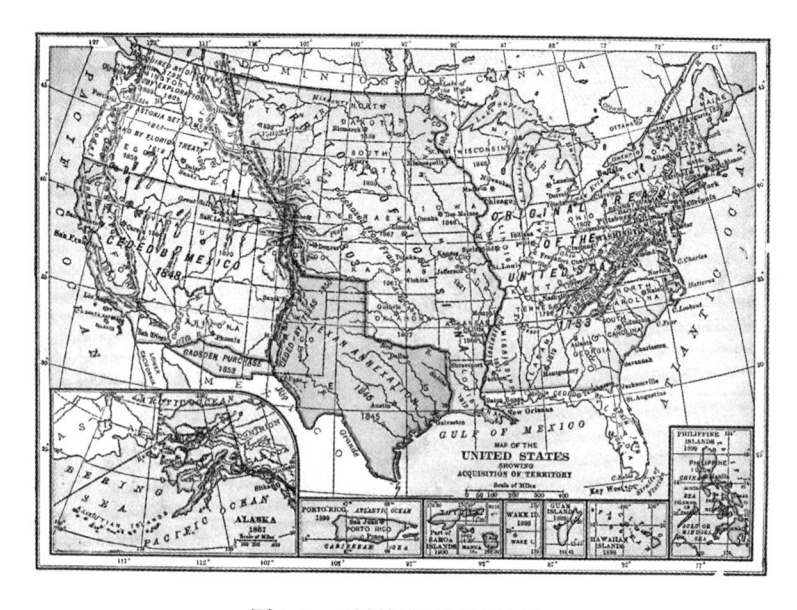

图1.1 不断扩张的美国领土

资料来源:http://etc.usf.edu/maps/pages/2300/2343/2343.htm. Title: United States Showing Acquisition of Territory. Projection: Unknown, Source Bounding Coordinates: W: -127 E: -67 N: 50 S: 25. Source: C. S. Hammond, *Hammond's Handy Atlas of the World* (New York, NY: C. S. Hammond & Company, 1911). Map Credit: Courtesy the private collection of Roy Winkelman.

从跨越将近150年的时空地图集锦(图1.2(1—3))可以看出在1775—1920年之间,美国国界几乎每隔十年就会有明显的变化,新的领土不断纳入其主权范围。从移民政策的角度来说,这意味着在美国主权之下的人民越来越多,美国政府可控制的土地和资源也越来越多。为了管理新国界里的人民,美国公民身份的设计也越来越复杂,

· 3 ·

对外招募新移民的条件也越来越繁琐严格。基本上，在这段用战争和外交确立主权的时期，美国对外来移民采取闭关的保守策略，除了放宽来自西欧和北欧的移民限制外，对其他地方的移民则采取诸多的控管手段。至于已经生活在领土上的新移民，美国政府也对其阶级、性别、种族、宗教、思想和与国外的联结等方面进行严格的审核。除了国家安全的考量之外，这种做法中很大一部分还是延续美国建国初期的态度，也就是避免涉入旧大陆的政治纠葛，企图以相对独立的姿态，在世界舞台上行使主权。

为了填补美国本土在基础建设（铺设铁路公路等）、工业发展（开采石油、炼钢、造船、制造业等）和灌溉农业等方面的劳动力需求，美国在严格限制新移民移入的同时，选择开放不涉及美国公民身份（不涉及美国主权）的奴隶买卖、苦力输入和契约劳工。这些廉价的劳动力增加了美国在世界市场上的竞争优势，却也在美国本土造成了一群世世代代停留在劳动阶层的人口，但在法律上却始终等不到任何公民身份。

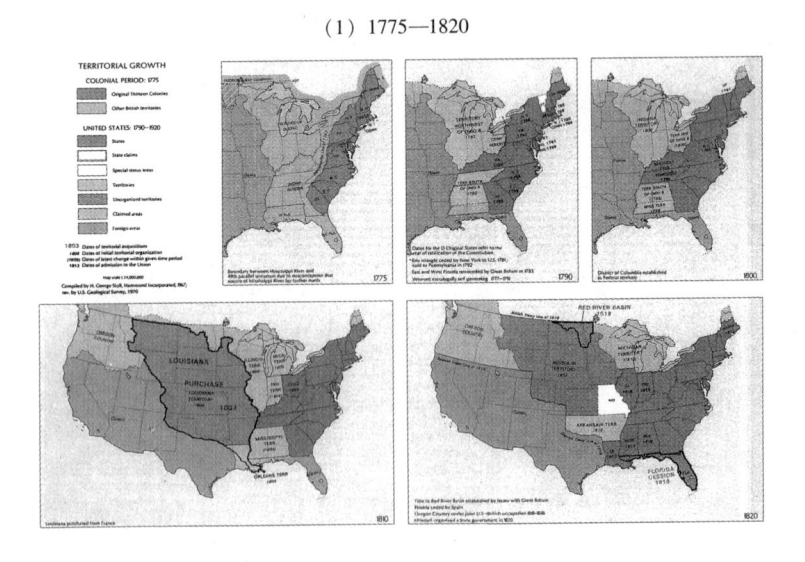

(1) 1775—1820

第一章 重新定义公民身份

(2) 1830—1860

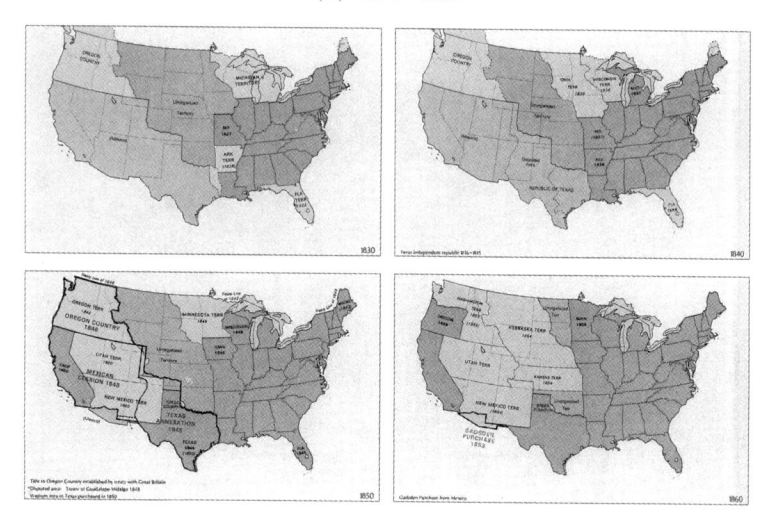

(3) 1870—1920

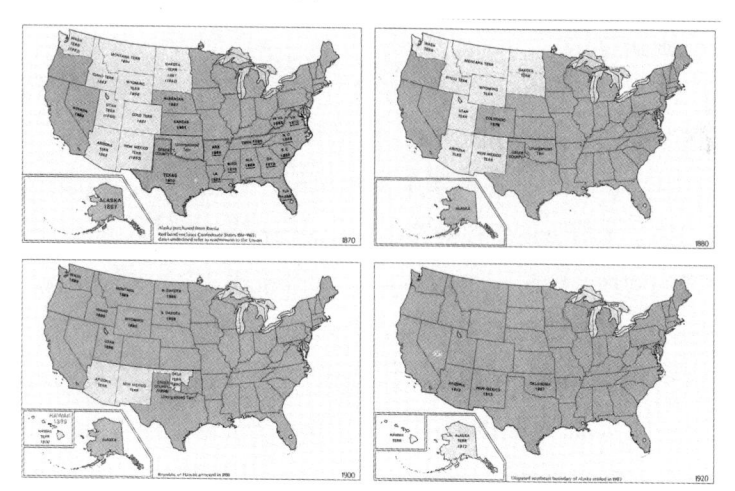

过河卒子：美国全球战略布局下的华人移民

(4) 1970年的美国地图（包括美国本土的州、波多黎各和美国领地、托管领土、租界、美国管理下的外国领土、声称的领土）

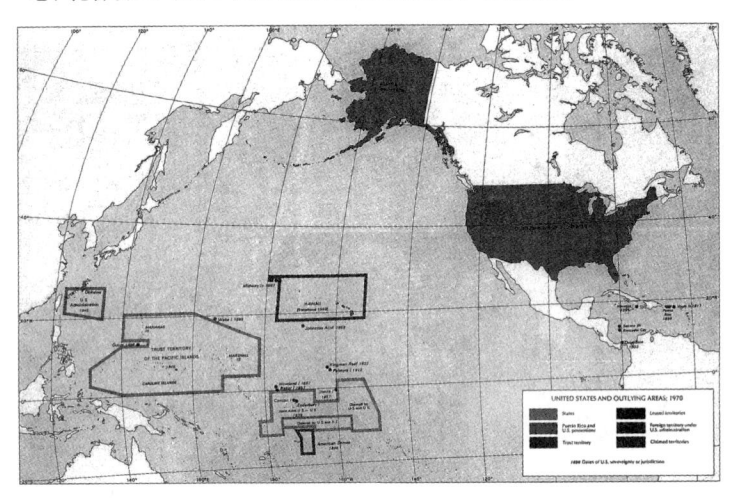

图1.2 不同时期新取得的领土（1—4）

资料来源：http：//www.emersonkent.com/map_archive/us_territorial_growth.htm.

美国国界扩张的强度在第二次世界大战后可以说是达到了顶峰（图1.2(4)）。为了管理不断延伸的国土，美国政府还将领土分成几个等级，除了一般直属主权的领土（sovereign territories）外，还有属于美国财产的领地（U. S. possessions），如维京群岛等、美国主权间接管辖（indirect rule）的托管领土（trust territories）与租界（leased territories）、代管的外国领土（foreign territories under U. S. administration）、声称的领土（claimed territories），以及遍布世界各地的租借港口和军事基地等。这种在世界各地取得领土、港口、周边航道和其上控制权的模式，反映了美国主权发展的一个新阶段。其主权所及的范围已不限于西半球，而是全球都在其主权的直接或间接影响之下。为了有效管理这种扩及全球的主权影响力，美国的移民政策在此时摒弃了过去以种族

·6·

（白种人）、性别（男性）、阶级（符合一定财富标准）、思想（清教徒、基督教思想）、语言（英语）等为主的筛选条件，取而代之的策略是以专业经理人管理跨国企业的模式，开始吸纳各国人才进入美国国家体系，让他们成为美国主权在各地延伸管理的代理人。

不过，在这种思维下，美国对新取得土地上的人民就开始实施差别待遇。美国政府会考量不同能力或角色应与美国本土主权（权力中心）之间保持的距离，来规划相应层级的公民身份，赋与相对应的权利和义务。最终，这形成了一个扩及全球的身份体系。这些身份层级包括：（1）完全的美国公民身份，即与美国本土人民享有完全相同的权利义务；（2）次一级的公民身份，则可参加美国联邦体制选举，但是不可直接参与总统选举；（3）再次一级的公民身份可进出美国，享有关税优惠，但不视其为美国公民，在身份上只算是属地人民；（4）最后是不具任何公民身份，只处于军事戒严管理的层级。考虑到这样的历史脉络，本书试图了解新移民公民身份内容变迁的过程；新移民公民身份的变迁，与美国主权行使情况的演进，这两者之间其实是息息相关的。如果我们要了解华裔移民身份的演变，就必须先认识这个脉络。

在美国领土不断扩充的发展过程中，来自太平洋彼岸的华人移民是如何被纳入美国国家体系的？在这个体系中，一方面，华人被给予的身份是什么？或者说，美国在全球扩张影响力的过程中，期待华人如何能够满足美国主权的需求？另一方面，华人在美中互动的历史中，又如何设法重新定义自己的身份地位，以寻求在美国主流社会内向上流动的机会？他们是否企图无论在法律上还是在社会现实上，都能达到美国公民身份层级中最高的完全公民身份（de juri and de facto full citizenship）。

不过，要回答以上的问题，仅看华人在美国的发展是不够的。因为在美国向西太平洋和印度洋的扩张过程中（见图 1.3、图 1.4），美

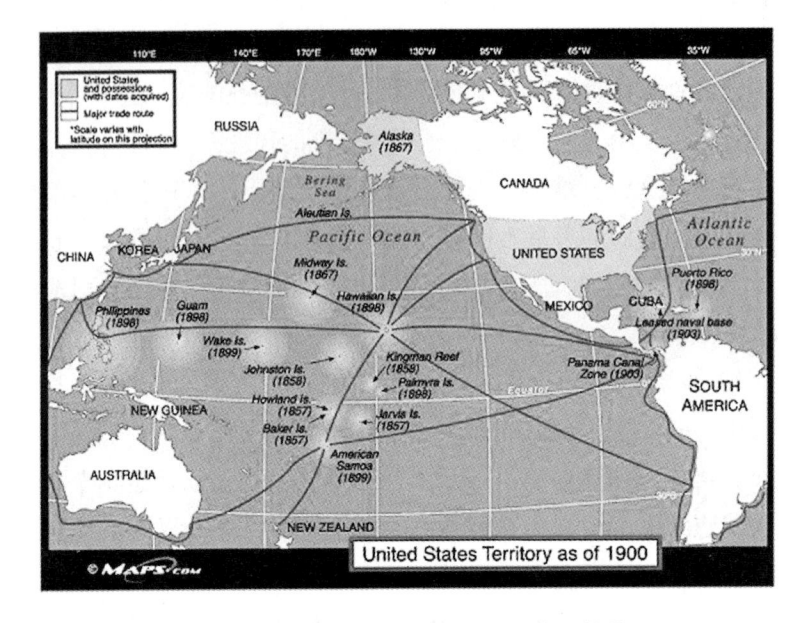

图1.3 美中之间经过美国领土的贸易航线

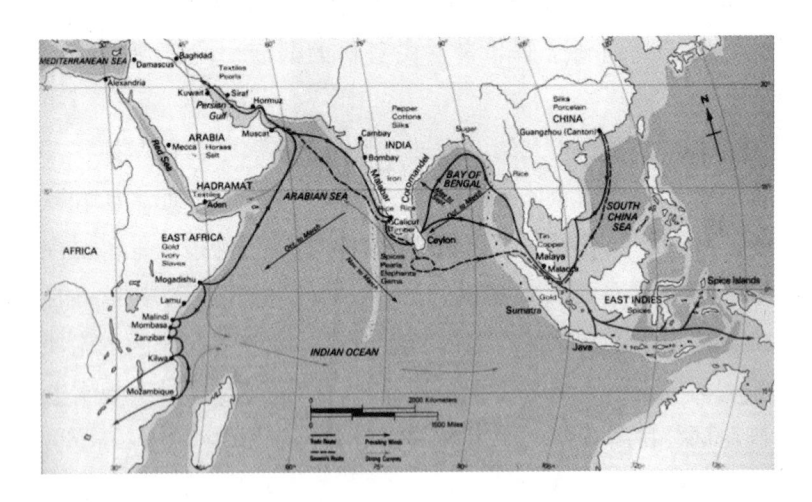

图1.4 由中国通商口岸经印度洋沿岸港口的贸易航道

国对日本、韩国、中国、菲律宾等亚洲国家的态度各不相同,而且在不同时期里对这些国家的战略布局策略也经常变动。因为如此,来自这些国家的人民,取得公民身份的过程和行使公民身份的内容不但各异,而且他们之间有时不免会发生命运更迭的情况与竞争关系,造成亚裔移民团体在美国主流社会地位的相互牵动或此消彼长。除此之外,仅是华人本身就有许多差异,所以我们也有必要厘清美国主权与华人移民之间关系的复杂性。这点我们可从移民进入美国的方式、兴建族群空间的过程及其跨国活动的面向等看出,来自不同地区的华人与美国利益之间的关系无可避免地会有所差异;他们在美国在亚洲的军事部署与全球资本市场的运作中,也扮演着不同的角色。即使只以华人移民的经验为研究对象,我们也应该区分不同的个案来进行描述,指出它们的异同。

总结来说,透过公民身份内容的分析,描述新移民变成美国人的过程,我们可以了解美国主权在世界上开展的意义。以华裔移民的分析为例,厘清华人变成美国人这个过程的多样性,则可帮助我们看到美国主权在华人世界中各种可能的代言方式。

三 文献回顾

过去的移民研究在以下几个方面间接地支持了本研究计划的成形。首先是关于国际移民现象的研究。Castles and Miller(2009)曾列出国际移民现象的三个普遍趋势。第一,移民现象全球化。目前,诸多国家都面临着移民问题,而且大部分国家的新移民都具有政治、经济和文化背景等方面的多样化特征。第二,新移民进入国家体系的加速化。不过,随着短时间内移民数量的大幅增加,政府决策和都市内部的资源分配等方面,皆受到很大的冲击。第三,移民现象政治化。移民国家的内政和外交政策也不免受到国际移民现象的影响,特别是移民跨国活动渐趋频繁这个因素。在这样的背景之下，本研究企图继续探讨几个问题。移民团体如何选择其族群认同的内容？面对大量涌入都市的新移民，社群领导人如何建立一个属于自己的族群空间？这个族群认同和族群空间如何与美国在海外的扩张活动相呼应，并在不违背美国国家利益的前提下，用跨国活动的方式展现出来？

如此重新思考移民的流动力，会将看似内政的移民和归化政策（immigration and naturalization policy）转移至美国在全球战略布局的政策中来讨论。在全球战略布局的角度之下，新移民成为全球劳动力、资本、技术和土地的一个载体；这与过去只将国际移民现象视为个别政策管理的对象，在本质上有着很大的不同。过去关心的问题较具政策导向，包括永久居留权的问题、外国劳工工作权的问题、难民的问题等；所提出的解决方法是依照新移民入境的身份和身处的境况，找到相应的政府部门来负责，例如，移民部门、劳工部门、外交部门、警察部门、福利机构和教育部门等。这种做法将国际移民现象区隔成碎片，不仅简化了问题的复杂性，也忽略了当今国际移民现象全球化、多样性、跨国联结的特质。这种研究方式对新移民的国家认同问题基本上过于简单化，甚至将新移民的数目和多元的背景皆视为对美国国家认同的挑战。论辩的焦点也放在掌管公民身份和归化过程的法律上，而不是置于正在发生中的族群认同内容，美国在海外的主权扩张，以及新移民跨国活动的演变上。

最近的研究也发现，不同的国家有不同的族群政策。有些国家在将公民身份授予新移民时，法律并不要求区分新移民的族群身份，或不去强调文化同化是公民身份取得的必要条件之一。在这样的情况下，移民政策对多元族群所涉及的身份和权利的多样性较为宽容；相反地，有些国家会将公民身份和族群文化的区别连接在一起，制定较具排他性的移民政策，并要求新移民接受文化同化。但这样的要求在国际移民人口不断流动的情况下，很难取得真正的效果；族群来源的多样化，使得政府

第一章　重新定义公民身份

在执行文化同化上遭遇了很大的困难，甚至容易诱发族群间的冲突。

事实上，面对族群的研究态度，应该避免仅将新移民视为母国的延伸。许多经验研究已显示，许多族群共同体的存在原本只是一个想象[1]；而族群认同有时是在建构一个理想化，或是尚未实现的政治社群。因此，如果单纯地将对母国的国族想象视为新移民族群认同的内容，我们可能简化族群认同所建立的各种可能性。以早期的华人为例，孙中山先生在美国的华人社群里获得许多的支持，但此时移民的族群认同并不是母国，或中国的清朝，反而是孙先生所描绘的未来新中国。如果将新移民视为母国"现在"政治共同体的延伸，就会忽略对母国"未来"的想象与新移民族群认同之间的关系，也就更无法辨识这种特殊的认同和行使美国公民身份内容之间的关系。

新移民与移入国的关系其实一开始就十分紧密。新移民通常来自国际强权政治下比较弱的国家，其公民身份的取得一开始就受制于强权国家与母国之间的各种外交条约。当新移民到强国去寻求新生活时，他们早已被规划为帮助移入国经济成长的成分，或是强化移入国在地域政治上安全利益的卒子。从古巴移民[2]、日本移民[3]、菲律宾移民[4]和其他各式参与游说的移民团体[5]上，学者们发现，他们的经济活动和投票行为[6]，都时时反映出美国经贸关系和地域政治里所衍生的紧张和竞争关系。新移民不但可以成为美国外交政策的延伸，在参与母国的政治上，他们有时甚至加入母国政府，成为母国政府的官员，再将美国的外交政策落实在母国的内政政策讨论之中。孙中山先生在推翻清朝政府，成为中华民国总统之后，他所任命的第一任财政部长即致力于推动美中之间

---

[1] Anderson, 1991.
[2] Forment, 1989; Pedraza, 2007.
[3] Azuma, 2005.
[4] Espiritu, 2003.
[5] Shain, 1999; Smith, 2000.
[6] Jones-Correa, 1998.

的贸易关系。除此之外，当新移民拥有了强权国家的公民身份之后，强国与弱国之间的互动也就马上体现在新移民的跨国社会网络上，这为新移民提供了一种特殊的社会资本。在某种程度上，专门吸引侨资的政策，或是引进所谓旅居国外的人才政策，其实也是弱国欲与强国拉近距离的举动之一。新移民在母国所拥有的经济、政治、文化和社会资本，或许能够帮助他们在母国的发展，刺激母国的跨国投资项目。在此情形下，新移民可成为跨国企业的创业者，或是提供会计、法律、保险和房地产服务，形成跨国经贸的一个环节①，在全球的资本市场当中实现美国公民身份的内容。

总的来说，只从现今移民法案来看移民是什么，亦即只根据民族国家的分类对新移民进行制式化的分隔，从而定义其公民身份内容的做法，并无法突显出美国国家发展的动态过程。特别是美国不断招纳移民，其主权定义也面临着领土不断延伸的需求。所以移民扮演的真正角色是促成美国的远端控制；移民与母国的互动，亦促成了美国与母国的互动。他们为母国做出贡献的背后，其实是他们学习使用美国公民身份内容的过程。所以移民实际上是美国主权延伸的具体实现。

但是，在进一步探索移民实现美国公民身份与行使权利之前，我们必须先了解美国公民身份与权利究竟是什么，特别是在美国这个脉络中，公民身份在法律与社会这两个层面的夹缝中的真正面貌。了解这部分内容后，我们才能看出公民身份本身是一个国家与社会对话的过程，因为国家的领土主权需要人民的认可与实践，这样，领土才能真正在国家统治下成为国家体系的一部分。同理，虽然美国的亚洲政策对华人移民有着决定性的影响，但是，华裔社群对美国的亚洲政策也具有一定的反馈作用，毕竟美国在亚洲的主权扩张，若没有华裔移民的认可和支持，统治的效果则十分有限。

---

① Tseng, 2002：383.

第一章 重新定义公民身份

公民身份原是一个法律概念，但在政治资源分配不均的社会里，在实际运作中，常常会出现"二等公民"或是"三等公民"现象。为了有效地治理广大的领土，美国法律在不同时期区分了不同身份的移民和非移民，也对其各自的权利做了定义，例如外国人（aliens）、非公民的居住者（non-citizen residents）、享有某些或全部公民权利的归化外籍居民（denizens）等。基本上，为了维护美国本土人民主权的完整，美国公民拥有相同的权利和义务。实际上，不同的社会团体因为拥有权力的差距，可行使的权利会受到不同程度的制约。部分美国宪法学者[1]也注意到这一社会事实。他们发现，即使美国内战过后，平等的精神和公民权利写入了美国宪法第十四条修正案，社会上一些实质性的身份和权利的不平等现象仍然持续存在。如种族隔离的措施、歧视国外出生的新移民和限制具有某些宗教信仰的美国公民参与民主政治的运作。另外，法律也限制妇女参政。这些社会现实所持续反映的事实，就是一些弱势群体即使享有法律上的公民身份，实际上所能享有的公民权利也是受到许多限制的。而这些有形无形的限制，影响了弱势团体实现完全公民身份的可能性。例如，学者 Brubaker（1992）和 Bosniak（2000a）在其研究中就特别指出，在现今社会中，宪法对领土上所有的居住民都提供基本的保障，但在特定的领域里，公民身份的有无并不具有关键性的影响力量。一般而言，只有在社会福利这个领域，公民身份的有无具有相对的重要性。

在某种程度上，美国宪法中对所有的居住民都提供一致保障的论点只是一个理论。依据美国宪法学者[2]的解释，相对于公民身份所制定的优惠条款或是豁免条款，宪法里的平等保护条款（equal protection clause）和法律程序条款（the due process clause）皆对领土上的所有居

---

[1] Karst, 1989: 196-216; Black, 1969: 33-66.
[2] Karst, 1989; Black, 1969.

住民提供保障。在法律平等保护条款的规定下，禁止国家拒绝任何人在其管辖范围内应该享有的平等的法律保护的权利。① 这也就表示，即使新移民尚未具有完全的公民身份，但在法律面前，仍然一样平等地受到宪法对其基本权利的保护。同时，经由否认国家具有歧视的权力，宪法的平等保护条款强化了对公民权利的保护；这也就是美国宪法第十四条修正案所强调的，法律保障的公民权利并不直接受新移民公民身份的限制。② 在法律程序条款中，宪法第五条修正案要求联邦政府不得在不经法律程序的情况下，剥夺人民的生命、自由或是财产；宪法第十四条修正案也使用了同样的字句，提出国家有遵守法律程序的义务。根据这些法律条文，美国各级政府必须在法律条文下运作，为人民提供程序上的公平正义，以保障宪法所赋予人民的基本权利。许多宪法学者因此认为，在这样的法律环境下，美国的立法与司法机关逐步倾向于将处于主流社会边缘的新移民和弱势团体纳入国家的体系之中；从宪法保障基本人权的精神出发，法律提供了新移民在美国社会安居乐业的机会。

现实总是与理论有着很大的差距。对公民和非公民皆一视同仁，提供了基本的保护。讽刺的是，同样拥有公民身份的人，却经常因为社会上种族、性别和阶级的歧视，并无法同等地享有法律所赋予的权利，反而沦落为次级公民的身份（second-class citizenship）。针对这种法律和社会之间的矛盾，Roger Smith（1997）就认为，种族在美国建国的政治历程中占有很重要的地位，所以美国立国时公民身份的设计就明显地偏爱特定的种族团体。Smith 也对美国公民身份里的种族意识形态提出了批评，认为美国公民身份的制度设计中，有部分具有偏

---

① 原文如下：The Equal Protection Clause of the 14th amendment of the U. S. Constitution prohibits states from denying any person within its jurisdiction the equal protection of the laws.

② Usually, if a purpose to discriminate is found the classification will be strictly scrutinized if it is based on race, national origin, or, in some situations, non U. S. citizenship (the suspect classes). Equal Protection: An Overview. Cornell University Law School Legal Information Institute. http://www.law.cornell.edu/wex/Equal_protection.

见，思想封闭和不民主的特质。这一部分制度为了维持白人种族至上与保存旧有性别分工，并未真正地达到自由民主的思想中对众生平等的要求①。在这样的种族意识形态下，少数族群向上层社会流动的机会将被限制。

除了种族之外，学者 William Julius Wilson（1996）提出，贫穷也是一个限制公民身份行使的社会问题。他发现，居住在都市里的穷人，虽然具有合法的公民身份，却无法享有法律所保障的优惠条款，其影响政府决策的能力也受到限制。穷人只是徒具公民身份，而无法有效地行使公民的权利。在民主机制中缺席的后果，就是这群穷人将成为社会上永久的低下阶级，无法得到政府和同侪的有效奥援。职业则是另一个影响公民权利行使的因素。学者 Bryan Turner（1986）的研究发现，在资本主义社会里阶级和阶级之间的利益冲突，可能会牺牲工人阶级的基本权利。他认为，单凭市场机制的运作，分配社会资源，可能会造成国家的分裂，激化阶级冲突；政府如果无法同时照顾资产阶级和工人阶级的利益，部分的阶级团体就无法行使他们受法律保障的权利。女性是另一个在公共领域里被边缘化的弱势团体，因为许多女性在法律和社会运作的机制里备受歧视。女性主义学者的研究指出，许多限制将女性排除在公共事务之外，例如禁止女性参与政治辩论和政府职位，或限制女性只能在私领域活动等，这些限制都会缩减女性公民的权利②。

针对社会弱势团体在行使公民权利上的限制，Kymlicka（1995）提出一套以多元文化主义为基础的社会制度，企图针对不同社会团体的需要，来帮助他们争取平等的权利；他也将移民团体的需要纳入公民制度的改革过程中。简言之，即使个人拥有法律上的公民身份，在社会阶层化的过程中，种族、阶级和性别也将影响公民权利的行使方

---

① Roger Smith, 1997: 36-37.
② Fraser and Gordon, 1998.

式；每个社会团体必须建立一套机制策略，努力争取，才能达到实质上平等的目标。

在这个身份与权利不平等的情况下，对于尚未拥有法律定义下的公民身份的新移民而言，他们就更需要从日常生活的社会关系基础上，逐步落实市民身份，来缩小他们与公民身份的差距。这也造成新移民的公民身份问题具备更多的复杂性。像是新移民群体内部的种族、族群和性别政治[①]，或是母国在美国地域政治里的位置，等等，都会影响新移民在移入国公民身份的内容。新移民的宗教信仰、社会资源和关系网络，也会影响新移民的跨国活动。另外，新旧移民之间也会在日常接触中产生思想和利益的冲突；新移民所希望建立的族群认同，或许会对旧移民的族群文化产生挑战，进而造成移民团体内的族群政治与分裂。至于母国政府如何持续维持与移民的关系，也为移民在移入国中争取公民身份和权利的方式投下了另一个变数。母国可能会修改或建立新的法律，使得移民者仍具母国公民的身份和权利；这个双重国籍的身份设计，可促使新移民参与母国的国家建设，或将资金和技术带回母国。但是，新移民也有可能会伤害到母国统治阶级的利益，所以母国政府会对他们的政治活动进行牵制。这些涉及多重群体的利益冲突，使得新移民的族群认同及其公民身份内容，展现出更多元的面貌[②]。

除了国与国之间的关系会影响到移民的身份问题外，国际组织也对移民的处境与地位十分关注；其中最明显的例子就是国际人权的发展。根据Jacobson 和 Soysal 的理论[③]，捍卫人权秩序的权威是根植于尊重人权原则上的，而不是来自于民主政体中的多数决定；此外，尽管国际上存在着国家主权原则，单一国家并不是决定国家会员身份的唯一权威。这些学者指出，在某些状况下，单一国家的体系并不是决定移民者移出和移入的最终仲裁

---

① Kim, 2008；Toyota, 2010：115-180.
② Massey and Taylor, 2004.
③ Jacobson, 1996：94-106；Jacobson and Ruffer, 2003；Soysal, 1994.

第一章 重新定义公民身份

者；其他国际团体会介入国家的主权，保护移民者在国内和国外跨境活动的权利。① 他们的调查报告也显示，已经有越来越多的国内法院采用国际人权的原则，即将国际人权法用于国内法院的判例上；目前看来，国际人权法和国内法将会一起决定移民者在移入国的身份、权利和义务。

但是无论如何，移民自己也在这种复杂的关系里扮演着关键性的角色并起着媒介作用。许多的研究显示，移民者是自觉地、有技巧地利用跨国社会关系网络或是国际人权原则，来行使他们的公民身份内容，借此他们希望能克服在移入国的市民和政治社会里所遇到的障碍②，增加他们在移入国城市里的生存机会。他们多选择生活在全球性的大都市里，因为城市为移民者提供了较多行使公民身份的资源。③ 移民者可以运用这些资源创造机会，例如，将他们的政治信息传达给主流媒体，增加移民团体的政治影响力。只要善用周遭环境与制度的资源，移民者可以创造或等待契机，突破目前移民法律身份和社会地位的限制。

除了以上的文献外，本书在之后的章节中，还会回顾一些更细节的文献讨论。在第三章里，我会整理美国建国以来重要移民法案的内容和转变，并将移民立法与美国逐年扩张的领土做一个对照，特别是美国在亚洲新近获得的控制权和对亚洲移民的政策；这个对照能协助我勾勒出一个国家领土主权扩张和移民社群公民身份界定之间的互动范型，增进社会学家对移民团体公民身份讨论的广度和深度。在第四章和第五章里，我将会回顾移民团体如何利用既有的社会关系和新的社会网络，在移入国建立一个后勤补给中心，争取自由和平等的权利，或是进行具有政治或经济目的的跨国行动。我也将会强调族群关系在内容和形式上的可塑

---

① 这种认为个别团体和人民团体必须属于一个领土限定的国家，才有可能享有权利的前提，将被取代或至少被稀释。个人和非国家团体，在以国际人权的名义向国家要求权利时，他们就在国际舞台上变成跨国行动者了。

② Glick-Schiller and Fouron, 2001; Guarnizo et al., 2003; Levitt, 2001; Levitt and Glick-Schiller, 2005; Ong, 2006.

③ Isin, 2002; Sassen, 2002: 277-292.

性和在美国建国过程中的弹性表现方式。① 这些文献会进一步协助我们了解以下这点：从弱势移民变成完全公民是一个复杂互动的历史过程。

四　研究对象

作为一个关于移民的研究，本书需要区分两个研究对象：移入国与移民。在移入国部分，美国将是我主要分析的对象；至于移民部分，我则选择华人，并将特别聚焦于两个不同的华人移民社群。

美国有着丰富的移民历史，在这方面也有较完整的记录，加上它持续地进行各种形式的主权扩张，所以成为移入国中最适合做研究的对象。美国目前即使在亚洲也拥有不同形式的领地，不但与亚洲保持着紧密的关系，也引入了大量来自亚洲的移民。先描述美国与亚洲移民在不同阶段的接触和互动，再探讨亚洲移民团体复杂的社会关系结构和多样的跨国活动内容，必可增进我们对国际移民现象的了解。

另外一个选择美国的主要原因是美国主流社会对于移民有较多的论述，但其中也预设了许多可被质疑的前提与立场；因为本书企图与这些论述进行对话并指出其缺失，所以有必要将美国本身的移民现象作为讨论对象，而非挑选一个在完全不同论述脉络中的案例。美国关于移民现象的主流论述大致可分为两种。一是多元文化主义。此一观点强调族群间的文化差异性，但忽视此差异经常是个被诠释放大的结果，也低估了其他影响认同的因素。面对美国移民法案对族群身份依照母国来区分的这个倾向，多元主义并不能反驳它背后的假设。本研究则主张，新移民的身份是在一个极端不稳定的状态下不断转换的，因为族群身份也是建立未来公民身份的一个场域，而族群的身份内容会不断地发生重组与再制，以与新移民转变中的公民身份相互呼应。

---

① Brubaker, 1992; Smith, 2003.

第一章 重新定义公民身份

二是美国主流移民论述所强调的国际主义和全球化理论中的世界公民（world citizenship）理想。[1] 这种世界主义的论点认为，人民可以抛弃过去的信仰、行为模式和社会关系网络，另外形成一个根据普世原则和价值所建立的新的世界公民团结共同体。[2] 但在现实中，大多数的新移民团体在进入移入国时，还是需要在旧的关系上发展变化出新的关系。此一观点对公民身份的去国家化过于乐观了；经济全球化和国际人权体制的兴起是否就能削弱国家对公民身份的制约，仍然有待观察验证。[3] 尽管联合国组织和跨国大企业等权威运作的范围已超越了单一国家主权所控制的范围，但任何一个经验研究都不能只强调这些权威，对国家公民身份的体制视而不见。在挑选美国为研究对象时，我企图同时从地方、国家和跨国界三个面向[4]来了解新移民融入移入国国家体系的路径和速度，并对世界主义论述进行检验。

至于移民社群部分，本研究选择的对象是华人，其中又包括分别来自中国大陆与台湾的两个不同社群。在全球化和国际移民的过程中，华人移民展现了连锁移民理论所提到的典型特质，尤其是居住选择的模式。[5] 但是华人移民在美国的起起伏伏，却又明显地受到美国进入亚洲扩张势力范围的影响。华人移民美国的历史起自19世纪；大约同时，美国人开始到中国进行商业和文化活动。尽管之后经历了几次政权更迭和外交承认的转变，也面临过冷战时期的对峙局面，但两国还能维持多重而稳定的关系。在这段时间里，原本被孤立的旅美华人不但在美国落地生根，还转变成活跃于太平洋地区的跨国经济和政治行动者。选择华人移民为对象，我们将可在他们活跃的生命力背后，观察到许多纠缠在

---

[1] Dower, 2002.
[2] Spiro, 2008: 137-157.
[3] Soyal, 1994; Jacobson, 1996.
[4] Sassen, 2006: 314-321.
[5] Portes and Rumbaut, 2006: ch. 3.

一起的历史与结构因素，并进而帮助我们再思考国家与移民公民身份之间的关系。

这次我的研究对象是一群活动在大都市里进行社区自治，参与跨国贸易的中国城移民，以及群聚于郊区，享有较高社会经济地位，从事跨国政治运动的中国台湾移民（参看图1.5和图1.6）。这两个华人群体

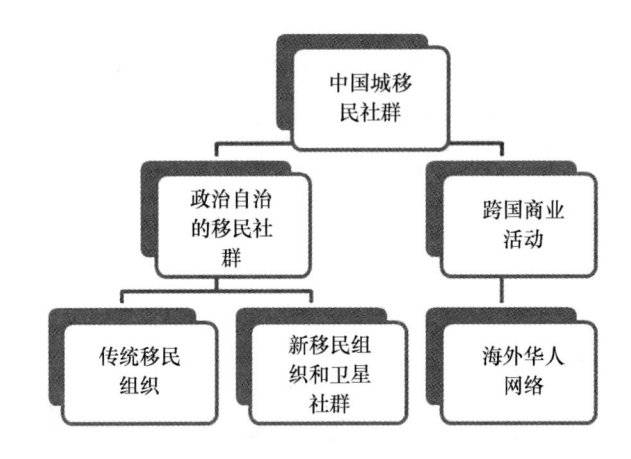

图 1.5　中国城移民社群

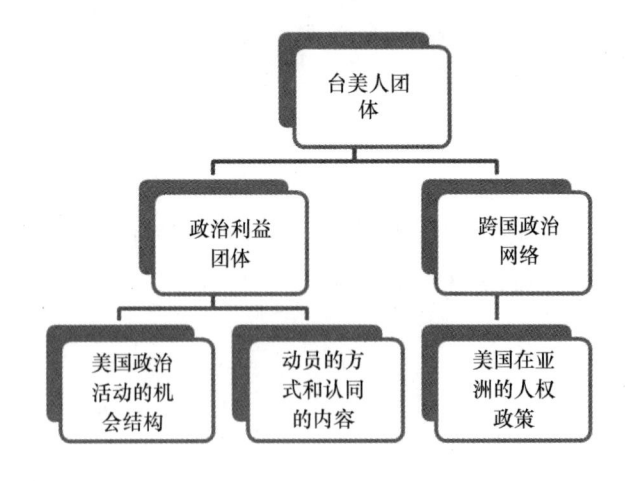

图 1.6　中国台湾人移民社群

即使来自相近的文化背景,建立族群意识与实现公民地位的方式却南辕北辙,各自发展出不同的属性。概括来说,早期聚集在中国城的华人移民大多从事苦力以谋生,在进入后工业经济时期,则转向服务业。第二次世界大战后,从中国台湾、中国大陆、中国香港和东南亚国家来的新移民逐渐增多,而且因为新的移民者多具有专业人士的背景,增加了移民团体参与主流社会的机会。这些专业人士的移民帮助美国发展和增进了美中之间的国际合作,也将西方的科技转移到具有中国特色的市场经济里。正因如此,因美国公民身份所产生的跨国资本流动、政治活动参与,以及知识交换等事务,实际上具有浓厚的全球性特征。值得注意的是,在这些全球事务上,不同的华人移民社群彼此之间可以成为合作伙伴,却同时也是潜在的竞争者。他们不但一同竞争物质环境的资源,也会展开意识形态上的斗争;而这些因素也不免会左右移民团体在地方、国家和全球等层面上的发展机会。我们对研究对象的观察,也将要把这些因素考虑进来。

五　资料收集与分析

本书企图连接发生于群体的微型事件以及大规模的结构性变化,所以将会把案例置放于现象学①、族群方法论②和融合微型巨观的社会学研究架构等中进行讨论③。这样得到的结果较能适用于其他经历过类似过程的移民团体。④ 但是,这种研究需要采用多种收集资料的方法,其中主要有二。一是经由档案调查收集移民社群的历史和内部对社群发展的纪录;二是在田野中参与观察,如此才能发掘出目前的各种社群活

---

① Schutz, 1967; Husserl, 1999.
② Garfinkel, 1991.
③ Knorr-Cetina, 1981; Collins, 1981.
④ Abbott, 2004.

动,纪录社群内对于族群认同的论辩,以及区分移民进入国家体系和都市空间的种种方式。

资料收集的过程可分为几个步骤。在研究初始,我从既有的文献和报导里找出活跃于移民社群的领导人士,或能将我推荐给社群领导人的相关人士,借此进入移民社群的论述与决策核心,开始进行近距离的观察。在这个基础上,第二阶段的工作则集中于收集与分析政府机构和社群组织的出版物。在美国,我收集移民归化局、劳工局、商业部和国会研究中心的出版物;在台湾当局这边,我收集侨委会关于移民社会经济地位的调查研究;在移民社群方面,我则收集到各式较少公开流通的文本,包括刊物、回忆录、社区宣传手册、专书和亚裔美国人博物馆的档案和出版物。本研究也使用了中国政府出版的统计数字和档案资料。

六　章节摘要

以下我简要地列出本书各章的重点与章节间的关系。第一章重新定义公民身份。本章整理了一些影响移民团体公民身份的条件,其中包括跨国政治联系和族群认同、移入国的外交政治考量、全球化中的大都市结构,以及移入国的法律和社会阶层分化。在取得完全公民身份之前,移民者可能会利用这些条件来建立不同身份。本章强调新移民在实质上可获得的各种会员身份和权利。

第二章是关于西方公民身份的论考。本章分三个部分来介绍什么是公民身份。第一部分分析早期西方国家法律和社会阶层是如何造成公民身份的出现的。第二部分则在现代国家的形成和新自由主义的经济改革脉络下,介绍公民身份的变化情况;并从移民公民身份的跨国面向,重新检视国家法律和社会阶层对公民身份的规范。第三部分讨论最近有哪些新的政治策略和经济活动可加速移民取得名义上和实质上的公民身份的过程。

第一章　重新定义公民身份

　　第三章分析美国的移民政策与其在全球开展的远端控制。本章将美国移民法案的演变分成数个阶段，然后与国家领土扩张和会员身份制定的规则相连接。在这个架构下，我们将可清楚地看到国家的长期发展计划和短期应变措施，如何决定了移民团体在国家领土内的法律地位，以及他们在地方上的政治经济利益。

　　第四章介绍跨越太平洋的华人移民。本章描述美国与亚洲之间关系的起伏是如何决定亚洲移民团体进入美国后的公民身份的。我将特别描述华人的处境与挣扎的过程，包括第二次世界大战中的美中军事同盟如何改变华人在美国的待遇，以及第二次世界大战后华人是如何经营美中之间的贸易投资以提升自己的地位，等等。

　　第五章考察中国台湾移民参与美国政策的学习曲线。本章分析美国在亚洲的人权政策如何为台湾移民政治组织创造机会，而移民们也借着学习美国政治体系，铺陈新的舞台。本章将特别强调美国国会的角色，因为国会在教育新移民理解美国政治系统运作的逻辑，以及决定美国在亚洲的国家利益为何等方面，都对移民产生了极大的影响。

　　第六章讨论美国全球战略布局下新移民公民身份行使的内容。总结以上讨论，本章归类出三个不同的公民身份形式。第一个公民身份形式以早期的华人移民为代表，他们所遭遇的情况与条件，使得他们最不可能融入美国。第二个公民身份形式以第二次世界大战后的新移民为代表，他们所面临的是一套弹性而且实际的情况与条件，亦即国家给予新移民更多的空间来从事地方、国家和跨国的活动。第三个公民身份形式以从事跨国政治活动的中国台湾人移民组织为代表，他们服从于公民身份教育训练，被教导如何进入美国政治体系，最终寻求正式的政治沟通管道；这个由学习训练而得来的公民身份不同于法律所界定的公民身份，所以反而挑战了自由民主国家表面上对公民身份的定义。

第二章　西方公民身份论考

The citizens of the United States of America have the right to applaud themselves for having given to mankind examples of an enlarged and liberal policy—a policy worthy of imitation. All possess alike liberty of conscience and immunities of citizenship. It is no more that toleration is spoken of as if it were [by] the indulgence of one class of citizens that another enjoyed the exercise of their inherent natural rights, for happily, the Government of the United States, which gives to bigotry no sanction, to persecution on assistance, requires only that they who live under its protection should demand themselves as good citizens in giving it on all occasions their effectual support.

（美国公民有权为自己鼓掌，因为他们给予人类许多扩展自由的政策案例，一个值得仿效的政策案例。这些美国公民同样地拥有良心自由，以及"伴随着公民身份而来"的豁免权。现在不再有提及宽容的发言，如同一个公民阶级放纵地发言，论及另一个公民阶级享有行使与生俱来的自然权利，值得高兴的是，美国政府对偏执予以制裁，对诉讼予以协助，只要在美国政府保护下生活的公民，都要求自己做个好公民，在任何场合都给予美国政府有效的支持。）

乔治·华盛顿[①]

[①] W. B. Allen ed., *George Washington. A Collection*, "Letter to the Hebrew Congregation in Newport, 1790," Indianapolis: Liberty Classics, 1988, p. 548. This quote can also be found in Allen, W. B., *George Washington: America's First Progressive* (New York: Peter Lang, 2008), p. 50.

第二章 西方公民身份论考

以上这段话摘录自乔治·华盛顿在1790年写给犹太教徒的书信。乔治·华盛顿是美国第一任总统，从他留下的书信中，我们可一窥美国建国初期，一位开国者对美国立国的根本理想，特别是关于自由的想象和对同为美国公民的期许。他在这封信中提及了他多么以美国人为傲，因为美国人拓展了人类的自由，美国公民有遵循自己良心的自由，并视宽容他人为理所当然的处世态度。只要在美国政府保护下生活的公民，美国会用政府的力量来惩罚关于宗教、人种、政治等顽固的偏见，并会提供法律诉讼上的协助。这一切都是为了保护每一个公民行使与生俱来的自然权利的自由，不受到偏见歧视和无端法律诉讼的迫害。这些对长久遭受误解和苦难的犹太民族而言是一个很大的宽慰。华盛顿总统表明，只要在任何场合都表现出支持美国政府的态度，美国政府就会保护行使人自然权利的自由。

在其后的150年间，对绝大多数的亚裔移民，特别是华人移民，美国政府没有保护他们行使自然权利的自由，这些自然权利包括美国独立宣言中所提及的生命、自由和追求幸福的权利（the right to life, liberty, and pursuit of happiness），依照美国《独立宣言》起草者和开国立宪者的意愿，这些最基本的天赋人权是政府无法废止或是干涉的。可惜的是，从19世纪到20世纪中期之间，华人因为一连串的限制移民法案，而无法取得公民身份，更无法得到美国政府的认可，必须以"没有身份"的姿态，在美国主流社会边缘谋生。因为没有身份，他们没有公民身份所能提供的最低限度的权利保障；因为没有投票权，他们被迫缺席任何关系华人命运的政策制定；因为没有对政府进行诉讼的权利，他们面对任何政府决定只能被动接受，而无力反抗；因为没有担任陪审员和目击证人的权利，所以当他们成为犯罪的受害者时，他们在法庭的证词是不被承认的。从祖父、父亲到儿子，华人就在法律上无法取得生命、自由和追求幸福权利的情况下，生活了100年。

同样在美国领土上，同样为人，在自由和权利的保护上，却可以存在着天与地的差别。

第二次世界大战快结束前，即1943年，美国为了表达对战时盟友的善意，允许华人归化成为美国公民。美国政府首先给予中国50名的移民配额。这个看似微小的数额打破了100年来美国不允许华人成为美国公民的规定。从此，华人可以经由正式管道申请成为美国人，脱离永久二等公民的法律地位，并且开始有权参与关系华人利益的政策制定，经由民主的机制，改善华人群体整体的生活状况。慢慢地，法律地位的改变带动新一波移民的申请。移民的配额逐渐增加，申请移民的华人数量越来越多，但等待的时间也越来越长，有的家庭需要等上10年、15年的时间。在这段等待的时间里，许多家庭被迫分隔两地。同时，因为没有取得正式的公民身份，许多等待成为美国人的新移民，必须面对在同样一块土地上权利不平等的社会现实，以及每隔一段时间就会发生的法律案件，引发一波波要求新移民证明自己效忠美国的呼声。

想要一个美国公民身份，想要一份美国人持有的权利保障，想要得到美国主流社会的认可和支持，大部分的华人像过了河的卒子一样，尽管河水湍急险恶，却再也回不去了，只能咬着牙挺身前进，或许，美国社会有一天会把他们当成自己的家人，并让他们得到法律上身份地位的承认。在追求这个梦想的过程中，他们不知不觉地成为美国主权在海外的代言人。

本章欲探讨的就是，公民身份究竟是一个什么样的东西。为什么那么多人，包括华人移民在内，都对它孜孜以求，不断努力地想拥有它。而国家又为什么要严格控制它的分配和转移，并使之成为一种治理的技艺，经由控制它来驯化新移入的成员。我们要了解华人移民如何争取美国公民身份，就必须先了解公民身份为何。事实上，公民身份也不是一个一成不变的东西，它其实处在不断演变之中。

我将综合过去学者关于公民身份的历史研究，来叙说一个关于公民身份的生命故事。它在西方文明的进程中，其实一直牵涉到少数群体如何面对掌握权利的多数群体，并不停地进行奋斗、挣扎以争取一个话语权的过程。公民身份也因此不停地被再定义与再客体化，因而成了一个具有历史的物件。事实上，这个关于权力、公民身份与平等的故事已开展了两千多年，一切可从公元前的希腊讲起。

一　公民身份内含的权利结构

目前，亚裔美人约占美国4%的人口；在平均100个美国人中，约有4个人属于亚裔族群。在民主社会选票决定一切的情况下，华人少数如何让多数群体认可其存在的价值？如何向多数群体争取参与加入政策决策的过程？如何在偏好多数的体制下，表达自己的立场、维护自己团体的权益？

为了寻找这些问题的答案，我走进时间的长廊，用福柯（Foucault）提出的系谱学（Genealogy）研究方法，伴随着当代学者的研究，以多数权利为经、以少数挣扎为纬，经纬相接，了解在不同时空下不同社会所展现的回答这些问题的智慧。

（一）探究公民身份系谱

福柯在其批判哲学的理论基础上，沿袭尼采（Nietzsche）的思路，试图找寻一个新的研究方法，突显每个时代的精神气质及其连续和断裂，还有主宰这个变化的权力关系。福柯将这个研究方法称作系谱学（Genealogy）。他运用此方法来观察各种驯化身体的国家机器，从精神病院和监狱的形成与演变中就能看到权力的作用。一个人一旦被认定为疯狂，被关进精神病院，其身体就直接暴露在各种控制机制下，任人摆布；一个人若因犯罪被关进监狱，他的时间和身体活动就受到严格的限制和监控。至于被认定为疯狂，或是被关进监狱的条件，福柯认为，很大一部分是由当权团体为巩固团体利益的动机所决定的。

用系谱学的方法，点出了每个时代对疯狂（madness）的认定都有些差别，这些差异共通的关键在于权力关系和控制技术，其表面差异背后都反映出一个权力的场域和众多控制的机制。例如，经由操纵精神医学中关于精神错乱的定义，国家可控制资产阶级对自己身体的管理能力。福柯提出了三种基本的控制技艺：第一，创造无所不在的监控环境；第二，以权力运作的逻辑定义合法或是非法行为，正常或是不正常行为，标准化或是非标准化的行为；第三，透过层层考验来检验权力所施加的对象，看看他们对权力的认识是否符合当权者权力运作的逻辑，并将测验结果加以记录，列入档案，成为之后判断的标准。

因为公民身份的塑造与分配也是国家管理驯化人民的技术之一，所以福柯的系谱学方法也可以用于公民身份的研究。对公民身份的塑造是从法律定义开始的；决定什么样的人可被认定为公民。这进而导致公民身份的分配产生不均的现象，因为总有某些社会团体被排除在获取公民身份的机会之外。借由检视公民身份的权利定义和相应的义务要求，我们可以找出在不同时代里所认定的公民权利和义务内容有何不同，并点出每一个时代的社会经济状况和权力分配的逻辑。同时，因为作用力必然伴随着反作用力，权力必然伴随着抵抗，我们应可从权力关系中找出颠覆局势的事件，发现新的公民团体的出现，或公民身份定义的重写。换言之，若把公民身份视为一种统治的技术，我们将可从其中关于合法或是非法公民的定义、正常公民行为或是不正常公民行为的分类，标准化或是不标准化的权利内容等论述中，梳理出一层层隐晦不明的权力关系。

（二）公民身份的多重面向

在运用以上方式时，我们必须先了解公民身份的定义其实具有许多的面向，我将这些面向区分为三个主要的类别。首先，公民身份可视为一种法律上的地位。这个定义涉及的内容包括取得公民身份的条件和证明公民身份的文件，以及涉及任何法律行为的权利归属和责任认定，属于一种国家和公民之间的契约关系。在现今社会里,国家所制定的公民身份,主要有属地主义和属人主义两个原则,① 对外国人的身份及其所牵涉的法律程序也因此有着相应的规定。②

其次,公民身份是一种实践的权利。这个定义所涉及的内容,主要为公民被认可后可享有的政治权利。美国宪法即明订出所谓的市民权利,③ 其中包括了言论自由(freedom of speech)、媒体自由(freedom of press)、集会结社的自由(freedom of assembly)、投票的自由(the right to vote)、非自愿奴役的自由(freedom from involuntary servitude),以及在公共场所被平等对待的自由(the right to equality in public places)等。在这里,权利的享有可被视为一种身份特权,因为只有拥有公民身份者,才具有行使权利的资格,外国人的这些权利只能得到宪法有限的保障。

最后,公民身份的定义则强调一群人共同生活的社会现实。相对于法律地位的定义,这个定义提出所有关系者(all stakeholders)不但拥有一定程度的权利保障,还有体现群体生活中追寻人类最大潜能的梦想的责任。在这样的定义下,在一块土地上共同生活的每个人多多少少都具有某种会员的身份,也因此会得到参与和接受内部资源分配的权利。此定义在某种程度上缩小了有无法律公民身份的差距,而贴近了日常生活集体实践的公民概念。

这里列举的几个公民身份的定义,突显了这个概念本身的可讨论协商的空间,它如何与社群会员中我群和他群之间的界限分化并存,以及它如何容许权利分配所展现的社会阶层化现象。用上一个小节的话说,这里的每一个定义背后都暗藏着权力关系的政治论述,也都包含着一个群体对另一个群体的主宰、控制和反抗。

---

① Aleinikoff, 2002.
② Bosniak, 1998.
③ Civil Rights: An Overview. http://www.law.Cornell.edu/wex/civil_rights.

以上这三个面向，经常各自出现在不同的论述场域之中，但有时也会互相交错重叠。它们有时相辅相成，有时却又彼此抗衡。以下我将大略地点出这三个面向主要出现的场域为何。在政治论述的框架中，第一个定义的力量来自国家法律的强制力，所以其场域主要在立法执法的机构方面，而主宰国家法律制定的团体，主要是掌握国家行政、立法资源的权力精英。经由限定公民身份的取得资格及其法律上的权利归属和责任认定，这些精英一方面可利用法律条文优化本身团体的特权，或强化我群团体的优越意识；另一方面在国家领土不断扩张的时期，则可利用移民政策来策略性地招降纳叛，培养管理新获得领土的人手。这种将对内、对外治理的需要转换成法律条文，并以国家合法性武力作为执法的后盾，是现代西方国家体制下公民身份契约的一个特色。

第二个定义接续之前的论述场域，强调法律所赋予的权利。这里的权利依赖法律而生，因此难逃操纵法律的人的操作，被视为一种特权、有价的东西。在这个框架下，一方面，只有拥有法律上的权利，才能享有根本利益和价值不受政府干预，以及遇到政府具有争议性的行为时，向法院对政府提出诉讼的权利。另一方面，没有公民身份所带来的权利，就无法拥有权利所享有的自由，当然也就无法平衡法律背后的权力关系。

第三个论述场域强调共同生活的事实，意即把日常生活的紧密互动视为分享权力和权利的一个考量。这类论述可能会出现在大街小巷、公共场所或工作空间，也就是在你我身边。这里法律的公民身份与实质公民身份经常会产生不一致性。警察有义务帮忙维持集会活动的秩序，所以也必须保护上街头抗议移民法案的"未来"公民（目前不具公民身份的人）的人身安全；政府机关首长或民选议员有时会寻求"未来"公民所属社群的政治和经济上的支持；当"未来"公民计划举行大规模的罢工时，资方出面与工会协调，说服这些尚不具有公民身份的劳工返回工作岗位。这些街头、社区、工会协商的场合经常反映出一个最简单不过的社会事实,在一起生活的我们因为分工而不能没有彼此。尽管一个都市里总有一群人没有公民身份,但已具有公民身份的人,不能将他们弃之不顾;他们在某种程度上已是一个国家、一个城市正常运作不可缺少的劳动力来源,已经成为"半"公民或"未来"公民。

二 代表财富、权利和地位的公民身份

在认出公民身份不同的面向与各自的论述场域后,我们就可以更详细地比较西方公民的演变及其模式。我将简述西方公民论述与实践的演变过程,并透过其间的差异找出一些规则。

(一)雅典公民

古希腊文明历经了三个阶段关于公民身份的权利争斗。[1] 第一个阶段大约在公元前 3000 年到公元前 1100 年间,这时的古希腊文明主要受到君王绝对权力的宰制,控制了主要的战争工具:军人和庞大的动员机制,而城邦则是君王命令和协调动员的中枢。借由掌握城邦,君王可及时掌握战场资讯,迅速调动军队,而在平时也可利用城邦中的行政机构,进行大规模的水利基础建设,蓄养农田,灌溉作物。这时,在君王和军人紧密的结合下,除了皇家及其亲戚外,就是属民(the subjects),没有其他可与君王相抗衡的团体。这种权力绝对集中在一个家族里的体制,在君王统治末期会引发一连串的革命。不满的军人和属民自组私募军队,使得君王不再是掌握军队的唯一权威。在几次交锋后,君王了解到这些私募军队是一股不可忽视的力量,于是企图争取这批私募军队的忠诚,开始授与身份(战士—公民)来换取这股力量的效忠。自此,战士—公民有权参与过去只属于皇家的王朝事务,拥有战船和战车,成

---

[1] 这部分的历史分析资料来源于 Engin F. Isin, 1997, Who is the New Citizen? Towards a Generality, *Citizenship Studies*, Vol. 1, No. 1.

为近似骑士、独立于血缘王朝的政治力量。

接着大约在公元前1100年到公元前700年间，绝对王权开始衰弱，而居住在城邦内并拥有大量土地的贵族则逐渐兴起，带动了城邦经济的再次复苏。这些贵族为了区别自己与城邦中其他人的社会地位，开始称自己为公民。这时的公民身份是一群贵族展现兄弟关系和拥有共同目标的身份标志，也是常备军队的身份标志。目睹绝对王权的退让，这群新兴的贵族阶级掌握了军事资源和商业资讯中枢，成为城邦中其他团体模仿竞逐财富、地位和权力的对象。

到了公元前6世纪，企图模仿贵族的其他团体成功地进行了一场阶级革命。这场革命的主导者包括了农民、手艺工作者、商人和非贵族的城邦居民；他们集体联合起来向贵族要求加入公民身份团体，并导致了贵族和贵族家族成员在决定城邦事务方面的权力被稀释。决定这场革命胜负的关键是战场上重装备步兵的兴起，因其逆转了过去强调英雄战士的竞争形态，自行配置重装备的农民开始大量地进入城市，要求公民身份及其权利的授予，最后带动了公民身份的改革。大量土地拥有权不再是取得公民身份的条件，成为重装备步兵反而变成拿到城邦公民身份的关键。

得到城邦公民身份的人，即有权进入城邦内开始财富、权力和地位的竞逐，并参与商业借贷、奴隶买卖和商品服务贸易活动。这个新的权力结构分化了原本单纯的公民身份：（1）拥有土地的贵族—公民；（2）拥有战船和战车的战士—公民；（3）自行组成的重装备步兵农民—公民；（4）拥有金钱、奴隶和经营贸易活动的资产—公民。此分化推翻了过去世袭君王及其贵族在绝对统治体制下依赖家族或宗族势力所进行的权力支配，代之而起的权力分配机制是掌握战争工具、靠土地累积财富和经营城邦商业经济的能力。自此，除了君王和贵族外，占人口多数的城邦公民开始有了在议会里决定自己命运的政策辩论机会，经由选举或是短暂指定的任期，公民也可出任行政机关首长，不再受到血统、宗族的限制。

在古希腊文明约3000年的历史中，这段革命仅约占100多年的时间，但就是在此时间内，雅典城邦公民树立了参与和管理众人事务的政治雏形。一旦拥有公民身份，即拥有不须汲汲营营于生产劳动的特权，大部分的劳动活动交由城邦中不具身份的女人、奴隶和农奴完成。每个公民享有同等的权利，视公民身份为实现人类文明道德价值的一个基本条件。[①]

（二）罗马公民

罗马帝国的兴起改写了希腊城邦的命运，刚起步的罗马帝国也是采取绝对君权的统治，由君王掌握了城市国家（city-states）的战争工具和经济活动。不过，就像之前的希腊君王一样，很快地贵族掌握了新的战争工具并逼迫君王离开政治、经济中枢的城市国家，成为新的实际领导者。不久之后，平民也加入了永不停歇的权力争夺战，要求分享贵族治理城市国家的权力。在这段时间里，拥有大量土地和奴隶的贵族仍是城市国家统治的主体。特别是在罗马帝国不断扩张的战争期间，贵族可以有奴隶在土地上耕种，而对没有土地和奴隶的一般平民而言，战争只会使其贫穷，他们的公民身份只能勉强保护他们不沦为贵族的奴隶。此时，大规模平民的贫穷状况，再度引发了一连串的暴动和革命。像希腊的农民阶级一样，平民以一场又一场的战事迫使贵族让步，组织议会，选择能代表自己阶级利益的官员。至于对外连年征战的罗马帝国，也因为不断纳入新的领地而面对着管理殖民地的需要。其因应措施是制定一套区别身份地位和权力的法律。这套新的公民身份准则是以罗马帝国对新城邦的需要为考量的，授与来自不同领土的人民相异的身份地位和权力，以反映罗马帝国对各个新获城邦不同程度的忠诚和经济需求。在此情况下，每个人的公民身份代表了自己与帝国统治者之间的距离，所拥

---

① Pocock，1998.

有的公民身份地位和权力越高，表示自己所属的城邦与统治者的距离越近，享有的权力也与帝国统治者所期待的贡献成正比。

对罗马帝国来说，公民身份的边界就是帝国势力的边界，公民身份体系是政权统治系统的延伸。这个体系必须能有效地运作，才能满足罗马帝国不断扩张的帝国版图的统治需求。此公民身份体系的目标是将各种各样的新城邦居民纳入帝国的政治体系之中；从中央到地方的权力也将贯彻到每个地区的社群生活里。于是在设计上，罗马公民身份制度中的各种会员身份，是直接对应于这个公民在地方社群生活中所拥有的政治、经济和社会地位，或反映出这个公民是否可提供罗马帝国长期发展所需要的资源。公民可提供的帝国所需要的资源越多，身份就越高；反之，则越低。

再者，因为帝国领土不断扩张，罗马公民不受根植于领土的在地权威，而是直接受到罗马法的规约。罗马法因此被视为普世原则，从皇帝到地方居民都必须遵守；不同于古希腊人，罗马法是由专业法学者制定的，立法并非公民的权利。为了防止个别统治者的滥权而造成对帝国永久统治的威胁，罗马法为被统治的罗马公民提供最低限度的法律保障，在皇帝和代表皇帝的各个统治阶级行使权力的过程中，如果罗马公民觉得有滥权扰民之嫌，或罗马法所赋予他们的公民权利因此受到侵害，他们有权在法院对统治阶级提起诉讼。

（三）中世纪公民

罗马帝国的衰落，等同于中央对地方的控制发生瓦解，许多部族趁势取而代之，成为城邦的新主人。这批城邦的新主人如同过去的希腊、罗马前辈一样，以控制城邦的金融活动和掌握战争的工具来维持自己在城邦的地位。不过有一点却与过去大为不同，过去的统治精英虽然在城外拥有土地，但是选择居住在城市，享受城市繁华的经济和文化生活。但此时的精英阶级开始拥有城邦内的土地，并与城邦外以庄园经济为主体的精英阶级加以区分，企图将城市从城乡合体的经济中划分出来，不再与统治庄园的贵族和农村大众分享城邦治理的权力。

如此独立出来的城邦体制,展现出活跃的商业活动和开放的文化气息。许多新兴的社会团体,像商会、职业工会和艺术团体等,开始向贵族要求公民身份,以及分享城邦治理的权力。这批多从事于商品交换和创新思想的阶级,资助了一连串削减贵族权力的革命。到了12世纪,根基于土地经济而起的贵族阶级,对城邦的控制已经相当有限,因为绝大部分的权力掌握在商人和技艺工人手里。这批新兴的市民自行立法,选举市长和市议员,设计代表权力的官印。他们以各种方式宣示城邦主权,展现独立于天主教宗、君王、王子或是贵族权力的态势,并借由城市间经济的相互依存关系,传递创新思想和新的商品服务,组合成新的联邦经济体制。如此这般,不但提升了城市的地位,繁荣了城市国家的经济,而且也借着新取得的社会资源和地位,确保城市经济的独立自主性,免于政治力的介入。[①] 自此,市民阶级从土地拥有者的权力中解放出来,成为与教宗、王权和贵族等保守政治势力分足鼎立的力量;与国王、贵族、教会和农民在往后的日子里,进行一场又一场的权力争夺。

(四) 近现代公民

面对城市新兴阶级越来越多的权力和权利,国王不免企图巩固王权。他们尝试削减城市地位,希望能回复绝对皇权在国家领土之内的施展。对内,皇家律师团和陪审团宣布城市在法律上独立的地位不合法且无效,城市仍然应该隶属于国王的麾下。对外,国王要求城市提供支援,以发动一连串的海外战争,但是从殖民地所掠夺到的资源,却反过来支援了对内的权力斗争。到了17世纪,城邦的公民已完全受制于国家的统治,也就是商会、工会、从事贸易和专业技艺的人士已向皇族、贵族、教士和农民缴回治理城邦的权力。城市和国家之间的关系再度演变,城市丧失了免于皇权政治介入的自主地位,而支援国王的大商人和

---

① Weber [1958], 1998: 43-49.

拥有大量土地的贵族则组成了寡头阶级（oligarchy class），取代了过去由商会、工会、贸易商和技艺人士等组成的市民阶级，成为代表国家主权的国王权力的延伸，城市则成为国家秩序的展示场所。但到了18世纪，欧洲的启蒙运动开始，资产阶级和工商团体利用公民身份所蕴涵的个人权利和集体认同，建立起一个强调现代国家意识的哲学基础[①]，再以此为论述策略，与国家重新建立一个直接的契约关系，并迫使贵族和特权阶级让出其作为国家代理人的身份权力。这种将现代主权国家（sovereign state）与主权公民（sovereign citizens）联系在一起的策略，使得国家形式与公民身份形式一致，具有公民身份的人到了哪里，国家领土的边界就到了哪里，而公民身份的概念也就被赋予了民族国家认同的价值。

值得注意的是，这一场资产阶级（bourgeoisie）发起的政治运动，摆脱了地域性的城市认同，而转向民族国家认同，并以国家化法律系统、市场运作和教育制度等为手段，达到公民活动范围与领土管辖权一致的目标，将国家的理念落实在公民身份的界定和权利的基本要件上。同时，这场运动延续过去财产/身份/权力的运作逻辑，将参与的公民身份限定为资产拥有者，以保持资产阶级对民族国家的掌控地位。这个政治局面一直维持到20世纪，经过一场又一场平民发动的权利运动之后，才逐渐废除公民身份的最低资产要求，让一般小资产（small property owner）和无产（property-less）阶级都拥有公民身份的资格。

（五）西欧现代国家公民

资产阶级与贵族之间关于权力/权利的争斗在20世纪产生了一些变化，即使资产阶级已在城市取得了极大的胜利，然而日益扩大的贫富差距和少数特权的社会事实，激发了广大群众对平等权利的渴望，特别是工人阶级开始进行一连串的运动，要求资产阶级让渡部分的权利。为了

---

① Weber, 1978.

第二章 西方公民身份论考

收编广大工人群众，成为资本主义制度下劳动市场的一员，资产阶级于是立法废除公民资格的财产限制，将工人阶级纳入由资产阶级主导的国家经济体制当中，让工人成为国家主权公民，与资产阶级合作，成为维系国家政体的稳定力量。这个废除公民资格资产限制的举动与现代国家意识的兴起紧密相关。要建立现代国家，就要培育认同国家体制的人民群众，公民资格和权利的国家化只是其中一个步骤，其他的配套政策因国情不同而展现了不同国家发展的需要。以法国为例，法国的公民政策强调领土上文化同化的优先性。在具体政策上，要求成为法国公民的条件就是必须熟悉法国语言和文化，通过语言测试才有资格成为法国公民/国民。成为公民之后，权利的国家化是争取广大人民对新国家体制支持的一个重要政策。在《人民和公民的权利宣言》（The Declaration of the Rights of Man and Citizen）中，我们还可以看到在启蒙时期所怀有的人民主权理想。在新的体制里，任何在法国出生的人民都被视为法国公民，新移民则可以在学习法语和接受文化同化之后，成为法国的一员。[①] 只要是法国公民，就可以享有基本的市民权利。这个让权利扩及领土内所有公民的措施，给予了建立现代国家一开始所需要的合法性；同时，为了持续地维系人民对民主政体的向心力，政府行政部门、学校和军队等也成为继公民政策之后，推动现代法国公民意识国家化的重要推手。不同于法国的属地主义，德国的公民政策坚持公民身份的概念必须与德国民族性意识一致，其中又特别强调德国血统的具有与否，这种建立现代国家体制的做法，强调民族而非民主思想，大异于法国所展现的启蒙时期人民主权思想。法国将个别公民视为国家的合伙者，拥有相同而且普世的市民权利，而德国则重视血统的公民身份，将公民视为民族国家生命延伸的有机体；唯有靠血统的传递，德国公民的存在才得以延续。在此意识形态之下，德国公民需要展示独特的文化符号，以表现

---

① Brubaker，1992：35-49，85-113.

出彼此对民族国家的认同和忠诚。在新的政策出现之前，德国的公民政策完全根据血统原则，法律上不授予公民身份给出生在德国的第二代移民，因此完全否决了外来移民文化同化的可能性。相比之下，法国对移民团体比较友善，归化成法国人的外来移民数目是德国的10倍。①

除了关于公民身份资格的定义之外，普世的市民权利也是当时政治讨论的焦点。为了向贵族争取权利，市民阶级选择在法院和议事系统中展开论述场域。以英国为例。在十七八世纪里，英国市民权利的概念开始具体化，通过不成文法律的人身保护法和陪审团制度，② 来确立市民的基本权利。到了18世纪，保护市民的人身自由成为政府的责任，③ 法院变成伸张市民权利的保证者。在这之后，社会上出现了要求政治平等权利的呼声；而这个诉求在19世纪得到了实现，亦即通过议会议事制度来确保公民之政治权利的有效执行。④ 此时主要的基本政治权利是赋予人民平等参与代议民主的机会。经由此一政治权利的行使，公民进一步保障了他们的言论自由和契约自由。然而，此时的权利革命多发生在法律领域，很少扩及现实政治的操作和社会实践的层面。法律、政治和社会等层面都达到平等的这个理想，即使到了现在仍然是努力的目标。

到了20世纪，因应市场经济主宰人民生活机会的现实，要求社会权利的声音开始出现一些新的诉求。T. H. Marshall 提出，一个普世的社会权利应该为每个公民提供基本的教育权和社会福利保障，协助弱势团体在社会上的竞争，并缩小因市场经济所产生的阶级间在生活上的贫富差异。⑤ 社会权利的制度设计应成为一个保护伞，当一个公民面临生活

---

① Brubaker, 1992: 114-137.
② Isin and Turner, 2008: 8.
③ Marshall, 1950: 10-27.
④ Marshall, 1950: 14.
⑤ T. H. Marshall, 1950: 46-74.

困境时，应获得文明生活的基本保障。例如，工人阶级在面对不可预测的意外、疾病和失业时，可获得政府提供的基本生活保障，使其不至于因为突然的贫穷而丧失身为人的最基本的尊严。此外，政府的社会福利机构应该负责任地执行对弱势人士权利的保护，并协助社会上每个公民都能发挥最大的潜力。① 这个论点提出之后，其他的政治哲学家②开始将关于社会权利论述不断衍生的现象，以及执行权利的制度性建构，都放于西方社会民主化③和社会正义演进的脉络之中，突显出即使在政治运作和社会实践上弱势群体经常被排挤，但还是可以利用法律的强制力将他们纳入主流社会的运作之中。

（六）美国公民

在美国建国初期，公民的身份资格及其相关的市民和政治权利只限于有财产的、白人、清教徒和男性。这意味着没有达到财产标准的穷人和工人阶级、非白人（有色人种：印第安人、黑人、亚洲人等）、非清教徒（犹太人、天主教徒等）和女人，都被排除在美国公民身份及其权利义务的政策之外。这时，只有一小部分有财产的白人男性才有资格成为美国人，并成为美国的统治精英阶级。其余的社会群体因为没有美国公民身份，而不受美国法律的保护，没有市民权利，没有政治权利，没有社会权利，也无法参与美国政府的政策辩论，自身命运受限于"没有身份"这个社会类别的框架之内。

为了唤起大家对制度性性别不平等的重视，美国女性主义学者积极讨论过去女性的待遇。Fraser 和 Gordon（1998）指出，美国女人和奴

---

① Marshall，1950，1965.
② Rawls，1971；Walzer，1983，1990.
③ 学者表示，这个公民身份和权利发展的理论模型是依照英国的历史发展出来的。在许多欧洲国家里，大部分关于公民权利的民主化过程，则发生在过去50年里，而且是以相反的顺序发展的，意即先社会权利、政治权利，而后市民权利。即使是在英国，历史的证据支持了一个流动性的公民权利发展过程，而非一个线性的发展模式（Heater，1990，p. 271；Parry，1991，p. 167；Held，1983，p. 193；Turner，1989）。

隶的市民权利和政治权利，是直到20世纪初才出现的。至于在19世纪的美国，结婚后的白人男性可得到社会地位独立的认可，成为核心家庭的户长。然而，他们的配偶却仅被视为家庭的附属，无法享有白人男性户长所拥有的法律地位；对成年白人男性来说，婚姻代表着独立和法律完全保障的市民权利，在单身时，男人还只是父权体制的依赖者，但是婚后却变成主宰女人和奴隶的父权拥有者。婚后的户长身份代表着新的荣誉地位，在家庭里享有领导的权力，此地位与工作的职位和家族财产及阶级的继承权等权力并列。年轻有财的白人男性在婚后所获得的户长身份，使其拥有更多的权力来保护自己的财产（女人和奴隶），并与年长的男性竞争。而女人作为男人的财产，从头到尾都没有与男性公民平起平坐的权利。

除了性别不平等的制度之外，还有种族之间的不平等。美国是靠奴隶制度限制黑人工作和生活自由的，将黑人排除在法律所认可的公民身份之外，剥夺黑人人身和其他自由的权利。黑奴制度是一种由一个种族完全牵制另一个种族的制度，其范围扩及法律、政治和社会文化等不同层面。这种制度的正当化是建立在种族意识形态，也就是相信黑人是一个演化落后的种族上的。在此意识形态下，黑人并不算是人。在允许蓄奴的州，白人男性被视为"法律上的人"，其劳动力依据法律可转换成薪资，被视为个人财产的一种形式。而黑人奴隶的劳动力则被视为其主人的财产。[①] 1839年，第一个赋予已婚妇女财产权的法案在密西西比州通过，在这个法案下，已婚白人妇女可继承丈夫的奴隶所有权，以维持家庭与抚养后代的经济生活。[②] 至于黑人奴隶只是可被转让的财产，其劳动力是无法转换成为薪资的；终其一生，其家族的劳动力都是主人个人的财产，即使白人男性主人因某种原因而离世，其妻子或儿子还是可

---

① Shklar, 1991.
② Smith, 1989.

以继承奴隶家族的所有劳动力。黑人因此成为永远被宰制的一个种族。

在一场几乎让国家一分为二的内战之后,美国反对蓄奴的一方终于获胜,确立起美国联邦体制,并通过了美国第十四条宪法修正案;至此之后,黑人在法律上的身份才获得部分改善,因为依据新的法案,黑人可以取得美国公民身份。但是要达到在社会上能够完全行使公民身份所赋予的权利的目标,还要再等上100年。一直到1965年,高等法院通过民权法案,废除种族隔离制度,保障黑人的参政和投票权,黑人才能与白人一同工作和生活,用自己的薪资劳动力和选票一步步改善黑人族群的生活。

在这一期间,不仅是女性和黑人在受到压迫之后群起抗争,工人、印第安人、黑人、亚洲人、西班牙裔、犹太人、天主教徒等社会团体也积极运用各种方式,试图取得美国公民的身份,消除美国建国之初那种根据种族和性别差异所建立的社群想象。一次次的冲突和抗争带来了一连串高等法院的判例、宪法修正案和社会改革,在某种意义上,争取美国公民身份平等的努力,具体展现了美国社会多种互相矛盾的政治文化和意识形态冲突;在自由主义、共和主义、种族主义和性别主义等意识形态相互竞争之下,自由民主政体下人民生活的方式与权利也不断地被塑造、修正。[1]

从西方这段竞逐创造公民身份的历史里,我们可以明确地看到一个马克思所说的阶级不断斗争的过程。贵族向国王要求权利,骑士向国王要求权利,农民向贵族要求权利,资产阶级向贵族要求权利,工人阶级向资产阶级要求权利,女人向男人要求权利,黑人向白人要求权利。韦伯则强调其中精英团体追求社会地位的方式。用福柯的权力/知识论述来诠释这段历史,我们看到公民身份背后的权力关系,有公民身份的团体和没有公民身份的团体是如何在不同论述场域互动的,以及后者如何

---

[1] Smith, 2003: 558.

积极追求由前者控制的公民身份。

三 公民和未来公民①在新自由主义思潮中的位置

当我们把公民身份问题放在当代新移民这个团体上来考虑时，我们所面对的是西方社会开始在新自由主义思潮和国际移民潮的影响下，对于如何运用公民身份来展现权力、阶级和社会地位，又有了不一样的设计。一般说来，新自由主义的思潮在20世纪70年代开始盛行，在八九十年代持续推行，此类思潮引领政府实行了一连串政策，包括奖励削减社会福利支出、开放劳工和资本市场、实行自由贸易、降低个人纳税、限制政府支出等。在保守派思想引领下所进行的经济改革，基本上改写了政府和公民之间订立的契约内容，弱化了福利国家制度，并减轻了政府对社会权利保障的责任。学者们用"去国家化"（de-nationalization）描绘这一连串国家体制内的改革所造就的新公民身份契约，政府用政策减少对市场的规约，将旧有国家体制管理下的经济活动私有化，而公民身份在这一时期也同样是在此趋势下形成的。我将简要介绍这个时期公民身份所经历的变化与所具备的特色。

（一）公民身份的去国家化

Sassen（2006）认为，在一连串的新自由主义改革中，公民和国家之间的互动关系被淡化；政府将一些与公民身份相关的成分去国家化，目的是刺激资本市场的流动和奖励在国内市场的外国投资者。大部分第一世界国家对资本流动限制的解除，在20世纪七八十年代加快；其措施包括了开放浮动汇率，并开放资本市场、公用事业（铁路、公共汽车、天然气、电力、自来水事业等）市场、通信市场等给外国投资者，

---

① 这里我将新移民视为国家的未来公民，亦即新移民最后终会成为法律、政治和社会上的完全公民。

这样做的目的是要建立一个让大量的资本能在全球金融市场上快速交易的环境。在制度上也开始有些新的变化,例如,提供资金给擅长于保护智慧财产权的政府机关,或是由私人团体仲裁调解的机构来解决跨国商业争端的机制,等等。

隶属于美国仲裁协会(American Arbitration Association)的国际仲裁中心(International Center for Dispute Resolution)就是一个去国家化机构的例子;它为跨国企业提供了一个不同于法院系统解决商业争端的平台,协助企业以最有效、最快速、最节省的方式化解因商业活动而产生的争端,便利资本在世界各地的流动,深化跨国投资活动的范围。另一个去除跨国商业活动壁垒的解决争议中心是世界银行(World Bank)的国际仲裁中心(International Center for Settlement of Investment Disputes);它协助其会员解决涉及商业行为及其他因素(政治因素等)的投资争议,另外,世界银行本身也提供如何经由协商机制(Alternative Dispute Resolution Manuel:Implementing Commercial Mediation)来解决争端的相关资讯,尽量简化解决争端所需的程序、时间、精力和金钱。除了这两个机构以外,许多商会和贸易组织都提供类似的协商机制,希望借由商会和贸易组织对会员商业行为的影响力,进行法院之外解决争议的行动。

这些通过政府以外的商会或贸易组织来协调跨国商业活动的机制,在某种程度上取代了部分政府的职能,也就是在政府商业部和贸易办公室之外,形成了一股具有规约跨国企业商业活动和仲裁的力量,以减轻政府对企业跨国活动的控制。这些被归类为新自由主义或保守主义政策下的跨政府机构和私人国际商业仲裁力量,同时也强化了特定政府机关的权力;例如,美国联邦储备银行和美国财政部,在政府决策过程中的地位都大幅提高。以美中贸易争议为例,商业部在考虑对中国进行特定商品和服务的贸易制裁时,美国联邦储备委员会和财政部官员就会提出对于经由债券或汇率等方面进行报复性措施的考量,或将政府预算考量纳入跨国贸易争议的政策讨论之中。

总结来说，政府用自由主义打开了跨国商业活动的道路，将一些政府的职能释放给跨政府机构和私人国际商业组织，同时也强化了政府内部的某些特定职能，导致掌控金融政策的政府机关的权力凌驾于管理商业活动的机关之上。从公民身份的角度来看，这些去国家化的政策和政府职能重心转移的转变，稀释了过去一般民众依赖政府的公民身份所带来地位和权力，造就了金融界和商业界的跨国权力精英。即使同为公民，跨国精英和本国一般民众社会地位的差距却因此被拉开。

可以想见，一般的劳工阶级对这些政策提出了许多的批评。开放市场让全球的竞争者进入，国内的薪资差距迅速扩大。能顺利融入全球金融和商业活动且不被淘汰的职位，可享有比之前更加丰厚的薪酬；而无法与全球劳工市场竞争的劳工阶级，则面临着失业与贫穷的困境。换言之，在建立全球资本市场与拆除跨国资本投资壁垒的同时，全球劳工的竞争也同时加剧，造成许多白领和蓝领劳工每天都会面临来自全球新的竞争压力。

这种差距的出现已经导致许多后遗症。被淘汰的白领和蓝领员工，在没有政府和企业保护伞的关怀下，很快就会陷入一个贫困的恶性循环中而难以脱身。这些处于贫困阶级的人们常因物质条件缺乏，每日生活的重心只在于求生存，所以无法有效地像一般公民那样参与民主政体的运作。他们较少参与投票行为，也无心协助候选人拟订政见，或参与街头民主和社区事务等。这些现象被称为贫困造成的"民主赤字"（democracy deficit）；虽然拥有公民身份的人口占大多数，但是真正有时间、精力、金钱和资讯，并借此充分行使公民权利的人，在社会上并未形成绝对多数。除了贫困阶级之外，少数族群团体也都在不同程度上受到"民主赤字"现象的威胁；他们要不没有足够的物质资源，要不缺乏资讯流通的管道，这些都会影响公民行使其身份和权利的内容。

另一个公民去国家化的例子是在自然灾害的应对和处理上。近年来，自然灾害频发，而社会上的弱势团体，像少数种族、穷人、女人、小孩和年长的老人，都可能在自然灾害发生时，成为像是没有国家的公民。以"卡翠娜"飓风（Katrina hurricane）为例，政府对自然灾害的预警机制几乎完全失灵，灾后的救援速度也异常缓慢；之后，清理灾害现场、救助品的发放和灾后重建的速度，也都像是在无政府状态中进行的。很多人质疑这些弱势灾民的境遇与第三世界的灾民似乎没有什么不同，看不到国家积极保护和照顾自己公民的举动。当一个国家中未受到保护和照顾的公民越来越多，国家和公民之间的距离就越来越远，民主体制的运作也越来越名不符实。在此情况下，Somers（2008）建议政府进行再国家化（re-nationalization）的过程。新的政策应该重新找回被新自由主义经济市场丢失的公民，帮助其再次进入国家体制，体现公民身份的价值；而劳工、少数种族、穷人、女人、小孩和年长的老人都应该确实拥有公民身份所享有的权利，以保障其在日益恶化的各种社会情况下有一个凭借。

（二）再国家化的过程

对于如何再国家化，学者内部则展现出分歧的看法。基本上，对于日渐增加的贫富两极化和因贫穷而产生的政治上去公民政治权利的趋势，学者普遍都感到忧心忡忡。为了将自由、平等和公民身份的概念重新带入国家体制中，左右两派的学者各自提出了自己的看法。倾向左派的学者认为，私有化政府功能的政策和削减社会福利机构预算的趋势，大幅减少了失业补给、退休金和医疗保险等保障，会使低薪资所得工作者和失业者在经济和政治活动里更加边缘化。政府应提供在职训练的计划，并采取措施鼓励领取社会福利的公民参与民主制度的运作，例如，在审核社会福利申请时，应该优先考虑参与社区事务的人。

至于倾向右派的学者则认为，福利国家政策会鼓励穷人被动的行为，对从实质上增进穷人的生存机会并没有帮助，反而会创造依赖型文化。① 他们主张，没有证据显示社会福利计划可以增加弱势团体的政治参与；相反地，他们认为，这种依赖政府提供安全网的文化应该被淘汰，社会福利预算应该被削减。正确的做法应是把尽义务摆在争取权利之前，并开始养成对自己和他人负责的习惯。右派学者也鼓励公民多参与社会活动，将礼貌、文明态度带回民主政治之中，如此就可以解决投票率低落的问题，并给予少数族群更多地拥有权利的机会；② 而在参与社区志愿组织活动的同时，公民也可以学习对彼此尽义务的美德。但是，这些建议随即受到其他人的警告，认为若只是依靠社会组织即义务责任感，就会形成类似教会的组织，可能会促使参与者对权威过于服从，并对其他宗教采取不宽容的态度；或是形成一些族群至上的团体或组织，并培养出参与者对特定族群的种族偏见，造成对其他族群的伤害；即使是像家庭这样的社会组织，过于依赖也可能会产生父权体制膨胀的思想。

  为了解决这类争议，部分学者建议国家关注公民的道德教育，让孩子在学校学习的不只是依照权威的指示动作，还应该学习对权威采取批判的态度，这样，他们未来才能成为民主体制里与其他公民分享政治主权的人民。如 Guttmann 所说："人民如果被习惯和权威所统治……是没有能力建立一个由主权公民所组成的社会的。"③ 此外，政策制定者必须聆听社会上各种不同的声音，培养一种尊重差异的政治氛围，④ 只有这样，才能创造一个赋予少数群体更多权利的制度环境。这些将社会上的弱势公民逐步纳入国家体系的建议，其目的是帮助这些弱势公民向精英阶级争取平等的权利。这些再国家化公民身份的呼吁，在某个层面上，也与去国家化的保守主义经济改革相呼应；90 年代兴起的多元文

---

① Barry, 1990, pp. 43-53; Mead, 1986.
② Walzer, 1990.
③ Guttmann, 1987: 51.
④ Guttmann, 1995: 57-70.

化主义就以再国家化公民身份的名义,再次伸张社会上边缘和弱势团体的公民身份,并将其社会现实处境和脱离困境的要求,加入关于公民身份的法条之中。

(三)多元文化的呼吁

多元文化主义的论述给予社会上边缘和少数团体一个争取平等身份的机会,因为在重新建构理想社会的想象中,它可以合理化弱势群体对主流社会提出享有较多权利的要求。例如 Young(1989)就提倡公民身份建立的基础需要认知到社会群体的差异,以及奠基在这个差异上的不同需求。借由强调群体的差异,可鼓励彼此表达各自的看法和兴趣,并促使不同群体间相互了解与认识。在政策上,政府应该针对每个群体的需求,设计出各种赋予权利的配套措施,以保护群体自主性和他们参与主流社会运作的机会,为受压迫的少数族群提供一个从社会底层翻身的和平机制。

从统治精英的角度来看,这些多元文化主义者的论述提供了一个解决国家分裂问题的思考点。如前所述,在新自由主义和保守经济政策的浪潮下,全球劳动市场呈现出技术两极化的现象,无法成为技术精英者,就会向下流动到仅靠劳动力或低技术的职位中;这会造成高学历者却只能找到低技术或低收入的工作,而低学历者则面临失业与贫穷的窘境。这种中间技术劳动市场快速消失的现象会导致中产阶级的衰落,给统治精英带来治理上的难题;一个国家有两个阶级意识鲜明的群体相对,以及社会阶层固化所导致的希望感丧失。在全球急剧技术两极化的劳动市场中,弱势者很难脱离社会底层阶级的困境,也无法认同上层社会阶级的利益。于是在阶级间利益冲突逐渐扩大的情况下,国家意识反而淡化,这已是资本主义市场普遍的一种现象,也不利于统治精英的国家治理。为了缓解市场上资本和特定技术导向所造成的权力和社会资源分配不公,为了强化不同群体对国家的向心力,多元文化主义选择突显社会弱势群体与强势群体在现今社会结构里位置上的差异。美国社会中的女性、黑人、美国原住民、墨西哥裔美国人、波多黎各人、来自西班牙语系的美国人、亚裔美国人、同性恋者、工人阶级、贫穷阶级、老人和心智与体力上不健全的人，各自有其弱势；① 如果政府能分别给予这些群体不同的特殊权利，使其在高度市场竞争的环境下得到生活的最基本保障和对未来的希望感，那么这些群体与国家之间的距离或许可以拉近，国家公民身份也会被拥抱。

多元文化主义进一步提升了弱势群体的社会地位。Taylor 指出，在强势群体控制弱势群体的统治技术中，经常将弱势或是少数群体的文化行为，贴上一个比较低下或不好的污名标签，这个标签也就集体投射到特定群体身上，使这个群体所建立的群体认同被扭曲或受到压迫。② 当这种动作一再重复时，弱势群体极可能会将这种负面的标签内化，使投射的负面形象成为社会现实。事实上，这种做法也会扭曲统治群体的自我认同，因为它一开始就是靠针对某个特定群体进行打压而建立起来的集体认同。多元文化主义可帮助弱势群体改写自我认同的内容，要求与主流社会平等地互动，落实现代国家公民身份平等的真义，有利于民主社会的发展。

四 跟随全球资本和劳动力流动的未来公民③

（一）移民问题

当新自由主义改写了国家与其公民的关系时，它也引发了资本与劳动力的快速流动，间接地带来一股移民潮。随着美国逐步打开国外市场，输出美国的商品和服务，许多目睹美国资本和技术实力的人，开始

---

① Young, 1989: 220.
② Taylor, 1995: 253.
③ 这里我将新移民视为国家的未来公民，亦即预设新移民终将成为法律、政治和社会上的完全公民。

有了到美国就可以改变自己人生的想法。这些新移民莫不怀抱梦想，认为一旦成为美国人，拥有美国公民身份，就可以过着像推销美国商品和服务的广告里所描绘的生活一样，富足而快乐，拥有平等的社会地位和向上流动的机会。为了追求美国梦，来自世界各地的人民想方设法地踏上美国这块蜜糖和牛奶遍布的土地，义无反顾地跟着其他人，前仆后继地来到美国。问题在他们进入美国后随即出现了。

到美国开始工作和生活后，新移民才发现自己是社会上最弱势的群体；与主流群体竞争工作机会时，才发现原来自己是一开始就被排除、被边缘化的化外之民；等到要申请美国公民身份时，才发现绿卡有限额，而等待的时间又好长。二等公民的日子时时会遇到困难，但想向早先来美国的移民群体寻求帮助时，才发现前辈们不喜欢新移民来抢工作机会，嫌他们是提高房价和扰乱既有族群和谐的祸源。终于看懂美国电视新闻时，才发现美国的工会不喜欢大量的新移民涌入，正在积极游说美国议员限制和缩减移民法案中的工作配额和移民配额，甚至要求提高获取美国公民身份的条件，并减少对新移民社会福利的支出。或早或晚，新移民终于认清了自己的劣势；想要拥有美国梦还得经过一番缠斗，不是踏上美国领土的新移民就都拥有平等的社会地位和向上流动的机会的。如果不能不断地向主流社会证明自己的价值并得到认可，美国梦是不会实现的。

为了帮助新移民早日融入美国主流社会，从事移民研究的学者纷纷提出他们对问题的看法。如果沿用多元文化主义的观点来看待移民问题，就会发现，这个意在突显群体差异所建立的理论，在支持移民群体保存自己文化的同时，有可能延长移民群体融入主流社会的时间。Schlesinger Jr.（1992）认为，只有当少数族群急切地想融入主流社会的文化和语言时，才有机会爬上社会的阶梯，变成主流文化的一部分。如果新移民依循多元文化主义的论述，等待社会上的优势群体倾听弱势群体的需求，很可能会大失所望，并丧失融入主流社会的机会。另外，他对过度强调族群认同的观点提出警示，认为这种论述可能会造成社会分裂，因为盲目追求族群认同会夸大族群之间的差异，加剧仇恨和对抗。至于新移民过度自怜的论述和自我孤立所形成的贫民化，可能会将移民社群置放于主流社会的论述框架之外，所以新移民应该主动加入文化同化的过程。同时，政府对新移民的公民身份管理也应该一视同仁，国家之下的公民论述不应该因性别、种族、族群和阶级而有所差异。

Kesler（1998）也提出一个类似的观点，只是更强调美国的优先性。他认为，新移民既然选择当美国人，本来就要让自己与美国立国原则紧密结合，即使文化同化和学习政治参与是一个缓慢且困难的过程，也是新移民必须经历的。而多元文化主义所强调的群体差异和跨国主义所强调的跨国社会网络，都会削弱政府管理新移民的职能。他表示，从获得共识的立国精神到宪法中明定的自然平等原则，都在表明美国人民必须爱护国家，并展现公民道德教育里的爱国价值。任何外国政治社群所拥有的对美国领土内人民的权力，或是美国人民对其他跨国群体的忠诚，都会让人民有较少的动机遵循公民道德教育里的爱国原则。

Kesler（1998）还引述美国宪法起草者的著作来强化他的国家至上论点，指出即使美国欢迎新移民的到来，新移民也必须接受由政府提供的适当教育，才可以成为合众国的一部分。林肯总统的著作也是一个很好的例子，因为它表达了国家团结的必要性。林肯总统认为，在庆祝市民节庆的活动中，在公开的演讲里，在表彰建国理念的公共建筑上，在纪念国家重大事件的纪念碑中，在公民履行陪审团义务时，在公民撰写自传时，在历史档案和自治政府的运作记录中，都可以看到共和政体的立国原则永久存在。而这些永久存在的历史档案、建筑文物都应该做为新移民学习成为美国人的教材。对美国而言，新移民必须先学会做美国人，才能实践公民身份的意义。例如，新移民应复制既有的美国公民论述，认同美国的历史，告诉大家他们如何努力地活出美国建国者所阐述的自由与平等的核心原则。在某种程度上，学会这套论述是新移民是否已同化为美国人的指标。①

但也有其他的学者担心，这些用来同化新移民群体的规则或标准，很可能会限制新移民的自主性。大部分美国人一出生就是美国人，不需经过同意、被主流社会认可的过程才变成美国人，同时根据自由主义的思想，所有的公民都被视为是自由的男人和女人，大家一起创造一种共同的生活；而任何超越市民社会的生活，像文化领域的决定，都应该留给个人自己决定。② 比起通过美国公民身份的考试，更重要的应该是个人的生活是否能与美国主流社会建立起像网络一般的社会、家庭和经济关系，而这种关系才是真正帮助新移民取得实质性的美国成员身份的关键。最后，根据民主社会运作的原则，市民社会应该先于政治社群，所以合法的居住权应是足够取得公民身份的资格；只要移民的身份是合法的，法律认可的新移民群体（此处指拥有永久居住权的绿卡持有者），他们就应该被授与和一般公民同等的权利，包括参与政治运作的资格。③ 简言之，这些论述企图把解决移民问题的责任，从移民转到主流社会，但仍然减轻了国家在其中的角色。另一个类似的论述则是分享世界主义思想的民族主义（cosmopolitan nationalism）路线。比起其他民族主义，加入世界主义思想后的民族主义则彰显了不同事物的价值，④ 鼓励每个个人和群体，尽量吸收不同的经验。但是，这种论述并不等同于普世主义（universalism），因为它并不会预设一个世界公民身份及其权利，也并未否认民族国家的重要性，而是在人权和温室效应等议题上较支持跨国团结的重要性。

（二）跨国面向

然而国家并不是这么容易就能脱身的，另外的论述就找到了一个立足

---

① Miller, 1998: 15-21, 33-34.
② Appiah, 2006.
③ Carens, 1996.
④ Hollinger, 2006.

点，把国家参与公民身份建立的义务和责任再度放到台面上。这个立足点就是新移民身份背后所附带的跨国面向。这个面向是新移民融合问题的关键之一，但却是现代国家不可避免的议题。事实上，自由主义脉络下所形成的国家理论在诠释国家主权和公民身份之间的关系时，留下了许多不确定性。Joppke 和 Morawska（2003）等学者就怀疑当代移民浪潮是否真的会稀释国家主权并削弱民族国家；他们的研究发现，移民现象并不会破坏政治和文化的边界与公民身份的界定两者间的一致性。相反地，他们指出，自由主义思想建构下的国家主权概念其实会放松公民身份的界定，或是将公民权利升级；如此这样，公民和非公民身份在法律上的差距反而会加大，而国家主权和公民身份之间的关系则可能会变得更密切。

国家角色的重要性和不确定性在移民政策的决定上显得最为突出。Joppke（1998）比较战后移民团体融入美国、德国和英国的过程，提出自由主义国家在移民的议题上会被多元主义的政治氛围所影响，在政策上就会强调某个别团体的利益，或是面对某些特殊团体时，就会受到更多道德义务的限制。即使如此，这些学者也观察到战后移民潮迸发了一个公民身份去族群化的现象，像移民政策的制定开始强调在国家领土上出生和分享政治理念价值等事实。[①] 类似的矛盾也出现在移民身上。第一代移民群体和第二代移民群体适应的过程，都有明显的文化同化现象，例如，与移入国族群相互通婚、取得教育成就和参与移入国政治活动等；但是，在文化同化的同时，也出现一些新的跨国认同和跨国活动。这些跨国的移民活动在过去是不被鼓励的，现在则被认为是合法的，因为不再被移入国政府所压制。

总结来说，自由主义论述并不排除以下这种可能性：移入国政府经由政策，可在国家和地方层次形塑移民团体融入移入国的方式[②]。如果

---

① Joppke and Morawska, 2003: 19.
② Joppke and Morawska, 2003: 26-29.

第二章 西方公民身份论考

我们进一步考虑之前所讨论的经济全球化，以及去国家化和再国家化的过程等，也会发现这些过程并不必然会消弭一般美国公民和新移民群体之间的社会差异，也不是必然会去除国家影响移民过程的重要性。另外，这些不确定性显示了一个重要因素的存在，即新移民的跨国活动。这个因素可驱使国家在政策上做出调整，其多样性则可能与移民取得美国公民身份的过程有着密切的关系。

跨国因素成为论述的重点，是构筑在其他既有论述之上的。例如，Basch 等人（1993）的研究就指出，在现在的美国社会里，种族和族群的概念已经有了许多转变。过去被统治的群体，常被视为在生物学上与主流社会相异的种族，像美国的黑人、印第安人，或是来自不同国家的群体，例如，来自德国或是来自爱尔兰的新移民。但现在的论述则会用族群关系来表达，[1] 也就是将新移民与主流社会之间的差异，用多元文化主义概念下的文化遗产来阐释，而这给移民进行跨国溯源的活动提供了一个空间。反讽的是，为了维持国家在当今社会对不同群体的持续掌控力量，这种多元文化架构下发展的族群认同，也给予新移民一个从制度内部挑战统治阶级地位的机会。

跨国主义（transnationalism）的论述开始采用一个新的角度来看待新移民与国家的关系，新移民被视为跨国行动者，是一个不强调国家领土概念的新公民群体，意即他们可以同时被纳入两个国家体系的运作之中。他们可以运用跨国社会网络，建立起超越国界的经济合作体系，或利用政治意识形态的异同，进而行使超越移出国和移入国之间地理文化界限的行动。例如来自海地的移民团体，就利用与美国主流媒体和美国国会的联络网络，进行街上的抗议活动，挑战美国要求新移民团体与移出国切断政治关系的想法。[2] 一些海地新移民甚至接受海地领导阶层

---

[1] Basch et al., 1993: 39.
[2] Basch et al., 1993: 281.

的邀请,将美国的海地移民视为永远的海地公民。在海地移民融入美国的过程中,他们借由认同与参与美国政治活动,反过来挑战美国在加勒比海区域的霸权,反驳移民的美国化就必定等同于文化同化的这个论点。

但是,跨国主义论者在使用移民者这个词汇时,似乎经常暗示他们是具有自由意志的旅行者,或是美化他们为具有某种世界公民身份的人。在现实生活里,跨国移民者其实常常在移出国和移入国之间挣扎。移出国和移入国都想征招移民者的资产,并制定各种标准,评判移民者的忠诚度。这个理想与现实的差距造成了跨国主义论述本身的分歧与争论,使得至今它仍无法有力地合法化移民者持续不断的跨国活动。但观察发现,进行跨国活动的移民者在移出国的重要性,常常取决于移民者在移入国融入的程度;对许多国家的领导阶层来说,新移民融入美国越深,在移出国的地位也越重要。同样地,在一些情况下,新移民在美国政府眼中的价值取决于新移民在移出国所拥有的权力和社会地位。国家重视移民跨国活动这一政治现实,对处于社会弱势的新移民群体是一大鼓舞,因为进行某些跨国活动似乎与融入美国息息相关,可弥补与一般美国公民竞争时的劣势。在此,真正支撑跨国活动与跨国主义论述的,并不是移民者的自主性与认同感,而是政治现实利益。

除此之外,新移民还常被描述为促使移出国社会变迁的行动者。新移民常经由同乡组织支持和推动移出国的地方发展计划,学者也记载了移民团体回头参与移出国政治的过程[1]和引进外国的投资计划。[2] Smith and Guarnizo(1998)也发现,新移民对移入国的忠诚和对移出国的永久留恋会形成一股政治力量,带动移出国政治体制的转变。同样的论述还出现在 Kearney(1995)的研究里,他指出,即使移民团体在海外已

---

[1] Glick Schiller, 1997; M. Smith, 1998.
[2] Ong, 1997.

经居住数十年，他们仍然与移出国保持着稳定的关系，并不时表达他们支持或反对移出国领导阶层的态度。总结而论，将新移民置于一个介于定居者和拜访者之间的不稳定关系里，跨国主义论述扩大了法律定义下的公民身份和国家主权可能的行使范围，也扩大了成为美国人身份内容的多样性。

跨国主义论述的发展本身也进行过许多修正。例如 Portes（2003）批评大部分早期论述，只从活跃于跨国活动的移民团体中取样，所以其论述的效力有限，并多少夸大了跨国移民活动的现象，让读者以为移民社群的每个人都可以参与跨国活动。[①] 在比较了哥伦比亚、多明尼各和萨尔瓦多的移民社群之后，Portes 指出，在这几个移民社群中，真正持续地参与跨国活动的移民者，在人数上其实很少，而且，移民者的性别、年龄、人力和社会资本等因素，都会影响跨国活动参与的程度和内容。[②] Smith 和 Guarnizo（1998）的研究得出了类似的结果，他们总结出经常参与跨国活动的新移民有以下的特征：高教育程度、移入移入国时间较长，并且拥有较多参与移入国社会、政治、经济活动的机会。这个发现再次验证了融入美国主流社会与跨国活动之间有着密切的关系：移民跨国活动频率与被移入国主流社会接受程度两者之间，呈现出正比关系。文化寻根的浪漫已渐渐淡出此论述之外，而来自同一移出国的移民间内部差异则得以被强调。

无论如何，正如 Brubaker（1992）所注意到的，跨国活动的兴盛并不意味着文化同化的延迟。事实上，跨国的政治、经济行动可视为同化的指标。Levitt（2001）在这方面有个精确的描述；他发现，移民团体的跨国政治、经济行动，常常是在移出国复制他们在移入国所学到的国家或市场的论述，就像在移出国传播美国的尊重民权、尊重市场运作机制

---

① Portes，2003：1213.
② Portes，2003：1238.

等概念一样。借由帮助移入国传播立国思想和打开国外市场，此类的跨国活动给予新移民一个美国海外代言人身份，以及探索自我潜力的空间，同时，这也促使美国主流社会认可新移民的同化绩效与对美国文化扩张的贡献。①

　　以上这种基于经验事实的论证可以提升到一个更高的层次，把视野扩大到抽象的领土观上。不同于之前只专注于移民作为跨国行动者或是公民身份本质为何，Kymlicka and Norman（1994）提出一个新的论述，不再把实际的国家领土视为唯一可以合法行使公民权利的地点。另外，很多论述也进一步区分出跨国公民权（transnational citizenship rights）②、全球公民权（global citizenship rights）③ 和后国家公民权（post-national citizenship rights）④ 等。如此一来，公民权利的概念就向上提升到国家领土主权之外。Bosniak 的研究发现，一般认为与公民身份和权利相关的词汇，在论述中已慢慢开始出现非国家或超越国家形式的意涵；她认为，后国家的公民权利论述，开始要求承认非国家的政治体制，并挑战领土是国家形成集体政治认同的唯一地点的看法。公民身份的诠释权，已开放给相互竞争的政治群体，公民身份的可能形成和权利行使的范围都因此而扩大了。⑤

　　后国家公民权的最佳例子出现在所谓的全球大都市（global city）里。Sassen（2006）认为，国际资本和国际移民都集中在全球大都市里，使得这些都市成为一个去国家化的社会空间，让许多没有法律文件的移民者和被社会排除的少数族群，有一个体验市民社会公民身份的机会，这个社会身份的体验或许不同于一般所认知的拥有选举权和参政权的公

---

① Portes et al., 2003.
② Balibar, 2004.
③ Dower, 2002.
④ Soysal, 1994.
⑤ Bosniak, 2000a: 508.

民经验,因为它并不需要明确的法律条件作为前提。Isin(2002)等人也提出类似的论述,不论新移民是否拥有政治和经济的法定权利,他们的公民经验是在日常生活中落实的,住在大都市里的新移民每天使用都市的资源,是都市生活的利益相关者,所以应该有权去动员和阐述他们对所居住城市的要求,并依据族群、种族、人文区位和性别认同的需要,阐释其对城市的特别需求。法国学者 Lefebvre(1996)也认为,对城市的要求是一种都市公民权利的表达,这种权利不应该只存在于政体和国家里,而应该存在于任何一个居住在都市的群体里,而每一次的表达都证明他们拥有都市空间的控制权力,以及他们重新创造都市空间的自由。

许多经验研究也支持以上的论述。例如,德国的土耳其移民,其公民身份和权利与他们在柏林和法兰克福的居住模式有着密切的关系。同样地,Rocco(1996)发现,如果要了解墨西哥移民在美国取得公民身份的过程,就必须了解墨西哥移民在美国都市的居住模式和生活方式。而 Garber(2000)发现,公民身份的一个重要特征是其具体面向都可在都市空间中被完整地呈现;她陈述道:当个人和团体在都市空间里要求权利,并从事集会结社和抗议的具体行为时,他们不但是在挑战公民身份的意义或其符号,还经由这些在都市空间里所进行的身体活动,创造出了新的都市社会空间。这些新的都市空间体现了新移民所展现的公民责任和义务,在此,他们要求一种普世的参政权,要求他们的政治代表,要求政府回应他们的需求,也要求政府决策过程的透明化。这些移民即使尚未取得美国公民身份,他们在都市中对公民权利的要求也可被视为人民主权(people sovereign)的展现。[①] 简言之,大都市的社会空间使得新移民对公民权利的要求变成可以看得见的实体,进而形成一股可能推动公民身份改革的力量。

[①] Magnusson,2012.

五　结　语

公民身份一直都隐含着权利、社会地位和财富，每个历史时期的统治阶级都设计公民身份制度以反映现实社会统治和权力斗争的需求。而每个直接面对权力的被统治阶级，也会循着论述找出权力的来源，并且以论述的方式来减轻或消除权力的压迫，而最好的方式就是获得这个身份及其权利。例如，古欧洲连年不断的战争给了广大农民阶级一个晋升的管道，成为支持权力的战争工具，一种不可忽视的武装势力，至此，战士和农民开始有了与国王、贵族协商分享权力的机会，以忠诚服从换取参与城邦事务所需的公民身份认定。当城邦经济是战争主要的金援时，担负城邦经济重任的商会和职业工会的地位水涨船高，形成一批新的市民阶级，拥有与国王、贵族和军队争取正式身份认定的筹码，因此而成为城邦决策圈的一分子。这个新兴市民阶级的兴起，又带动了城邦与城邦之间的经济同盟关系，增强了市民阶级与国王、贵族权力对抗的实力，最后法国革命开始引发了旧欧洲一连串的资产阶级对国王体制的挑战，寻求建立新的国家体制，取代世袭血统和王室家族的绝对权力。以资产阶级为首的现代国家体制，将广大的农民和工人阶级纳入市民阶级之中，赋予公民身份，享有平等的市民权利，并经由议会改革，逐步普及公民身份所隐含的政治权利，达到人民主权的民主国家理想。其过程是一个不断经由论述创造出"公民"这个想象的过程，也是一个经由论述来分配与具体化这个想象体的过程。这个不断向权力争取权利，以及把权利变成权力的过程，也影响了美国的独立革命及后来的发展。即使建国之初是以反抗绝对权力为号召，寻求建立一个自由、平等，以人民主权为权力分配基础的自治国家，可惜的是，这一由资产阶级掌握的民主革命，很快就陷入了种族与阶级问题的纷争中。在美洲新大陆的有色群体（colored people），虽然与白人一同工作和生活，仍然过着没有公民身份与基本人身权的自由生活；其他少数群体，像犹太人、天主教徒、女性和穷人也还是过着二等公民的生活，无法享有和资产阶级白人一样的财富、社会地位和权力。从美国独立革命算起的两百年之后，民权法案的通过才确立了美国公民身份的自由平等的意涵，正式废除了种族隔离（racial segregation）政策，保障每个美国公民市民权利（civil rights）和行使政治权利（political rights）的自由。随之展开的保守主义经济改革，引发了去国家化（de-nationalize）公民身份的论辩，不论是支持或是反对新自由主义的学者都提出了许多论述，纷纷重新定位国家与公民之间的关系，有些希望消解因贫富差距过大所引发的阶级对抗，有些希望避免国家分裂的危机，有些想减轻国家的责任，有些却想强化国家推出政策的公权力。我们再一次看到一场经由论述来定义反思公民身份的斗争，其精彩程度丝毫不输旧欧洲的经验。

在这场论战中，移民如何获得发言机会是一个非常值得关注的议题，因为他们的身份暧昧不明。随着全球资本市场的扩张，一波波的新移民相继来到全球资本帝国的中心，抱着靠近财富和权力的梦想，改变自己原本的社会地位，取得与全球资本家一同受教育、工作和生活的市民社会资格，想以美国公民的身份在全球资本和劳动市场上竞争。但是，因为他们只是未来公民，所以仍无法享有任何属于美国公民身份的权利，于是面临二等公民待遇的困境，成为资本帝国中心的社会底层阶级。他们要如何建立一个论述场域来加入这场斗争？而不同党派和政治哲学的学者又如何竞相提出新的论述来解决移民问题？在这其中，我们发现移民拓展了一个跨国的场域来吸引国家和主流社会的注意，并在此之上发展出一套跨国主义的论述。这个论述颠覆了公民身份与国家领土边界的预设，让他们可被视为美国在海外的代理人，成为美国跨国社会网络的一个节点。这个美国公民身份朝跨国面向论述的发展，是我们后面讨论美国扩张与华人移民活动不可或缺的脉络。

第三章　美国的移民政策与其在全球开展的远端控制

在前一章所讨论的西方公民身份史中，美国占了一个很重要的地位。虽然美国的历史不长，但其发展壮大的速度十分惊人，而其公民身份的演变速度与相关论述的多元性也同时展现了十足的活力。本章将聚焦于美国如何在法律与政策这个论述面向上，来管理新移民人口及控制其公民身份，达到其国家扩张的目的。

美国在建国前只是大不列颠帝国在美洲新大陆东北部几个州的一块小殖民地，经过独立战争才脱离殖民地的地位。在往后的两百多年间，美国经由开垦、战争或购买等方式扩张领土，从北美洲的东北部到中西部，再到西部和南部，之后甚至伸向南美洲。其影响力在扩及整个西半球之后，又越过太平洋到达亚洲，与亚洲诸国进行各种形式的通商和军事结盟关系。第二次世界大战后，美国的影响力可说是已经扩及全球，成为在经济、文化和军事上的世界霸权。在这个逐渐成为全球大国的过程中，美国历经数个发展转型的阶段，每一个阶段都需要进行人力资源的全球配置，以便利国家管理新获得的领土和人民，同时满足下一阶段国家发展的需求。也因为如此，美国的移民政策就成为通过国家主权展示统治权力、充实人力资源和进行有效管理的一个重要工具。

当然，美国的这种做法并不令人感到意外，因为当时许多帝国主义

第三章 美国的移民政策与其在全球开展的远端控制

国家都使用类似的人口政策控制对殖民地的统治,并借由调控公民身份的资格和权利,陷缩或是扩张殖民地的发展,进行不同形式和程度的帝国主义侵略,包含自然资源的掠夺和文化的移植,以达到符合帝国阶段性发展利益最大化的目标。在这个谋求领土不断扩张的前提下,公民身份在政策设计上多半沿袭过去罗马帝国的规范,亦即在面对新获得领土内的人民时,是依照其对国家发展需求的贡献程度来授与不同的身份地位。不过,美国与其他西方国家相较有一点不同,那就是其论述利用了一个"美国梦"的修辞。美国的移民政策也是以美国梦为号召的:表达不论是谁,不论出身,都有可能在美国实现自己的梦想。美国梦增强了美国扩张的软实力,也开通了源源不绝的人力资源管道,后来更成为美国在全球进行间接统治(indirect rule)的有力桥梁。

这个梦想不论是否能实现,本身就是一个奢侈品。某些国家因在现实考量下,有时无法在美国全球布局的考量上占有一席之地,那么来自这些国家的移民群体即使已经在美国领土上生活了几个世代,其身份却一直被隔绝于法律上和社会上的公民身份之外。许多来自亚洲的新移民都面临着这样的困境。直到第二次世界大战结束,美国开始更积极地进行全球布局之后,才放宽移民法案,终止了长久以来以殖民和种族为主要考量的移民法案内容。此后,新移民才可以家庭团聚和专业技能的身份进入美国,逐步取得美国公民身份,积极争取在实质层面行使美国公民身份的权利。即使如此,美国的移民政策仍不可避免地受到战后的冷战布局,以及涉入海外战争等因素的影响。部分国家的人仍无法移民到美国,美国梦的论述也无法流通到这些国家。另外,许多新移民是以战争新娘、战争孤儿和政治难民的身份才不得不进入美国的。亚洲的韩战、越战及中南半岛的冲突,制造了不少这样的移民。这些特例更可以帮助我们了解美国移民政策与其全球布局扩张之间的关联。本章将对这个关系做一个详尽的说明。

一 资料来源

本章是以国家的角度阐述美国国家转型与其主权在全球的扩张的，因此我将聚焦于国家的论述，亦即法律论述场域所产生的政策与政策说明书。主要的资料来源是美国立法机构的记录，以及政府机关和立法机构的出版品；此外，学者对于政策的诠释与研究也是重要的参考资料。分析的目的是呈现出在不同的阶段里，国家发展的特别需求和公民身份设计之间的特殊关系。经由这个分析，我们可发现移民政策的立法过程是国家统治系统运作的一部分，这个系统能够引导新移民的母国、美国本身和区域内其他国家之间的人口、货物和服务的流动；同时也可以根据国家发展的需求调控个别移民群体融入美国主流社会的路径和速度，进而适度调整美国与区域诸国的关系。此外，国家统治阶级也可将未来短、中长期目标写入移民法案。

不过，这个在法律政策等场域所产生的国家论述会在许多其他论述场域激起涟漪，其中移民的工作和生活最易受到直接的影响而做出反应。对新移民而言，国家所赋予的各种法律身份会直接涉及他们在美国政治经济场域里的位置。为了争取或维护个人和群体的利益，新移民会在日常生活与工作环境中寻求各种方式，以求能争取到形式上（de jure）和实质上（de facto）平等的完全公民身份（full citizenship）。就在移民的这些行动中，我们可以看出国家法律企图达成的效果或反效果。因此，它们也成为重要的分析资料。以下我将简介本章主要依赖的资料来源。我将它区分为两大类。

第一类资料当然就是最直接的法律或政策条文。透过检视主要移民法案的内容，我们可以看出国家这个主体的意向与其权威的施展。以下是文中所谈及的移民法案的清单，其他较少熟知的移民法案将在注解中加以补充。

第三章 美国的移民政策与其在全球开展的远端控制

1850 年, California Foreign Miners Tax

1868 年, The Burlingame Treaty 16 Stat. 739

1875 年, Page Law 18 Stat. 477

1882 年, Chinese Exclusion Act 22 Stat. 58

1888 年, Scott Act 25 Stat. 504

1892 年, Geary Act 27 Stat. 25

1898 年, Joint Resolution to Provide for Annexing the Hawaiian Islands to the United States, July 7

1904 年, Chinese Exclusion Laws 33 Stat. 428

1907 年, Executive Order, the Gentlemen's Agreement

1913 年, Alien Land Law

1917 年, Immigration Act 39 Stat. 874

1922 年, The Cable Act 42 Stat. 1021

1924 年, Immigration Act 43 Stat. 153

1934 年, Tydings-McDuffies Act 48 Stat. 456.

1938 年, Presidential Proclamation, April 28

1942 年, Public Proclamation No. 1, March 2

1942 年, Executive Order 9066

1942 年, Public Law 503

1943 年, The Chinese Repealer 57 Stat. 600

1945 年, War Brides Act

1946 年, Filipino and Indian Naturalization Act 60, Stat. 416

1947 年, Presidential Proclamation December 23

1952 年, Immigration and Naturalization Act

1965 年, Immigration and Nationality Act Amendments

1980 年, Refugee Act

1980 年, Commission on Wartime Relocation and Interment of Civilian Act

1988 年，The Civil Liberties Act, Public Law 100-383

1990 年，Hate Crime Statistics Act

1991 年，Civil Rights Act

1992 年，Voting Rights Language Assistance Act

但是，这些法案并不是在真空中忽然产生的；它们之间有前后的连续性及对话性，而且是在特定的历史、政治、经济脉络下产生的论述。为了提供整理这个脉络，我也必须依赖第二类资料：关于美国移民政策的立法记录、历史报告及反映评论。从这类资料中我们可以建立一个美国移民政策的历史，同时可以发现其背后美国的转型与演变。这个关联其实在过去的研究中并非完全被忽视，但焦点仅放在国家的集权中心化，而非国家势力与主权如何向外扩张上。Hutchinson 等人就指出，移民政策的立法权在美国历史上不断地向中心提高，从一开始的殖民地到后来的州政府，再到最后联邦政府的国会组织。[①] 但这个演变同时也让我们看到移民角色在国家发展扩张过程中逐渐变得重要；他们的移入不再是满足各州个别的需要，而是成为国家整体扩张与其全球布局的策略。为了强调移民与国家的关联，我参考了以下文献以作为第二类资料的来源。

第一个是 E. P. Hutchinson 所写的美国移民政策的法案历史：*Legislative History of American Immigration Policy 1798-1965*（1981）。这部历史记录了美国从殖民时期到第二次世界大战后的立法过程。一般来说，美国政府的三个部门（立法、行政和司法部门）都参与移民法案的制定，不过，这部历史记录多使用国会行动作为制定移民法案的主要来源，所以只反映了部分限制与规范移民的立法结构。关于行政部门和个别部门的重要行政命令（executive order）、总统声明（presidential statement）和国际条约（international treaty）等，我将在之后的分析里加以补充。

---

① Hutchinson, 1981; Zolberg, 1999, 2006.

第三章 美国的移民政策与其在全球开展的远端控制

第二个则是移民归化局的历史报告：History of the Immigration and Naturalization Service（1980），这个报告是在肯尼迪参议员的要求下写成的，当时肯尼迪参议员是美国参议院司法部门（Judiciary Committee）的主席。这个报告记录了美国联邦体制建构的过程及移民归化服务部门的历史，所以它呈现了移民归化与政府机关转型之间的关联。

第三个是美国移民法律和政策：U. S. Immigration Law and Policy：1952-1986（1988）。这是美国国会图书馆国会服务处（Congressional Research Service, Library of Congress）所撰写的报告，是特别为移民和难民政策的制定所准备的详尽资料。这个报告写于1987年，国会人员希望借由回顾美国所有关于移民法案的立法，以帮助当时的移民和难民特别委员会（the Subcommittee on Immigration and Refugee Affairs, Committee on the Judiciary United State Senate）针对现状制定新的难民法案。这份资料将可明明白白地协助我们看到移民法案是要解决国际问题的。

最后，为了了解移民对政策的反应，我采用了Franklin Odo为哥伦比亚大学所编著的亚洲移民历史经验：The Columbia Documentary History of the Asian American Experience（2002）。这部历史档案收集了自18世纪晚期到21世纪的主要亚洲移民历史档案，提供了一个亚裔美人移民与法律政策互动的历史。

总体来看，这些关于移民法案的记录为我提供了之后在分析美国公民政策时所必须考虑的脉络。第一个资料来源细致地分辨出联邦和州立法在移民问题处理上的异同；而第二个资料来源则提供了联邦体制发展的资讯，借由描述行政部门的分权设计和规划，以及与促进和限制移民法案的权力归属和执行层面等的关系，它让我们注意到特定法案决策过程中的职责分配，以及不同层级和不同部门的政府资源配置等，都是影响移民法案的立法初衷和执行结果的因素。第三个资料来源不但提供了最近移民法案的讯息，还特别指出了来自亚洲的新移民与美国领土管辖状况之间有何关联。第四个资料来源记录了亚洲移民在美国生存发展过程中的几个重要事件，透露出亚裔移民公民身份的复杂性，以及美国在面对亚洲局势的紧急状况时，联邦政府所采取的紧急立法过程。

二 从国际观点观察美国移民法案史

从美国的移民法历史里，我们可以观察到美国国家的转变与国力的增加。但是之前学者所采取的角度过于狭隘，造成这个偏差的原因主要是移民法的立法与修正从表面上看起来是属于美国内政的。以下我将简略地回顾一下过去的看法，并指出为什么从以国际外交为中心的角度重新思考这段历史是必要的。

若只从美国国内政治的角度来看，移民法的制定当然会受到美国国家政府机关及其效能设计的影响。学者的研究指出，移民政策中关于汇款、劳工雇用制度、主要输出、输入的劳动力产业、入境规定、社会福利措施和执法机关，都可直接或间接地管控移民流动的方式。[①] 然而，这类研究将移民议题放置在个别政府机关及其分工，像财政部在管理汇款项下，劳工部在管理劳工项下的讨论。在这样的分析架构下，两个政府机关都变成了国家主权的代表。也就是说，移民及其相关管理与管制的办法，都只是某些政府部门意志的展现，或是完全笼罩在其执法范围的公权力之内。

然而事实上，移民法案立法的过程通常是跨部门协商的结果，其中不乏一些涉及国际事务的部门。还有移民立法的前例，立法过程中所发生的各种事件，对法案所做出的诠释争论，都会对之后的立法和判决形成影响，即使这些事件或参与者并不直接与移民有关。学者 Zolberg（2006）就曾分析立法过程中的政治角力。透过分析移民历史、政治文化、阶级利益影响立法和执行程序的过程，Zolberg 发现，不同利益之

---

① Massey and Taylor, 2004.

第三章　美国的移民政策与其在全球开展的远端控制

间经常在移民法上发生激烈冲突，有时甚至会造成附庸政治的结果，例如劳工法和难民法。因为移民法所牵涉的利益互有冲突，所以在多元政治的环境下，美国发展出迥异的立法、执法特色。这里 Zolberg 对倾向于从单一面向思考移出和移入国移民政策的方式或假设提出大幅修正。但是，Zolberg 的观察仍太过狭隘。移民政策的角力也可能发生在如何提升民族国家竞争力的论述场域里，特别是如何在政治、经济、外交等层面扩张领土管辖权，打开国外市场和巩固地域政治等国家重大需求。此外，移民政策的论述也可从普遍人权的观点出发，将焦点放在如何传播人权或是公民权利的内在价值，以及如何考量现实主义所提出的顾虑上。总之，移民政策的形成过程所受到的牵引力量十分多元，其中有许多因素会将其带往国际政治经济的层面。牵制移民政策方向的一个重要力量是美国宪法中对于一些个人基本权利的保障[①]，像美国宪法保障其领土内个人而非公民的基本权利（person's, not citizen's, rights）一样。所以任何人一旦进入美国领土，即受到美国宪法的基本人权保障。[②] 在强调宪法基本人权的论述中，初到美国的新移民一开始就会获得一些原本属于公民的权利。这个基本人权最初的立法精神是制度化一个制衡国家权力的机制，限制国家绝对主权的行使，同时避免某些政府机关因过度的政治考量而伤害人权。为了维护美国在国际上的地位与形象，任何移民政策都不应该违背美国所提倡的人权。

除了一国的宪法外，国际条约的缔结也会影响移民法案的立法。以亚洲移民社群为例，美国与中国（1868 年）、韩国（1882 年）以及日本（1907 年）等都分别签订与移民相关的国际条约。这些经由外交管道签订的条约，为亚洲移民进入美国开了一个通道。这些条约不仅规约了两国公民互动的权利和义务，也规约了国家之间关于对待移民的权利和义务。

[①] Aleinikoff, 2002.

[②] Aleinikoff, 2000.

过河卒子：美国全球战略布局下的华人移民

这种人民与主权，以及主权和主权之间的互动，使得移民法案成为观察国家主权变化时一个有利的切入视角。①

　　值得注意的是，这些国际条约可能会反过来对国家在管理本身的领土、人民及其基本权利时所施展的权力做出一些限制。像是政府机关之间在签订约定书时，有可能会选择以国家之间的互惠协商作为基础。这可以避免各机关追求各自的利益或方便，或是避免仅以本国利益为考量而导致的外交冲突。这样的例子常发生在区域间所订立的人权公约和移民法案，特别是对于跨国移民者工作权的保障上。此外，国际条约的形式也限制了过度人民主权发生的可能，因为一旦国际法案被带进国内立法机关和司法体制之中，一国的人民必须遵守的法律就会受到国际条约的制约，不能以人民主权之名自行更改，若想更改则必须遵循国际条规的程序来进行。这种外交和人民主权交相冲突的情况，在许多反移民的工会活动中特别容易发生；具体的案例将在之后的分析里讨论。

　　基本上，宪法和国际条约在移民法案中扮演了重要的角色；单纯从国内的国会立法［选票所涉及的主流社会价值、工业发展利益（自然资源和工业技术合作）和劳动力市场情况］来讨论是明显不足的。国家领土主权的外交和军事考量也是重要因素之一（参见图3.1）。此外，移民法案还受到许多非官方的跨国社会组织的影响，像是由政府行政人员、法官和立法人员与其他国家的同僚所组成的沟通和行动网络，他们经常一起讨论国际条约应有的共识和可行的执行方案。② 以联合国最高人权机关为例，其每年出版的报告③会收集记录个别国家制订人权条约

---

① Krasner 将国家主权分为四类（国内主权、相互依存的主权、国际主权、外交政策上的主权），可惜的是 Krasner 并没有对国家主权与移民立法做出细节的研究，本章即是在补充了他对国家主权研究的不足基础上，透过移民法案的经验研究来观察这些关于多元主权论述是如何被落实的。可参考 Krasner, 1999：12-20.
② Held, 1995.
③ "联合国缔约国批准国际人权条约的状况"，2006年7月14日，联合国人权事务高级专员办公室。

· 68 ·

第三章 美国的移民政策与其在全球开展的远端控制

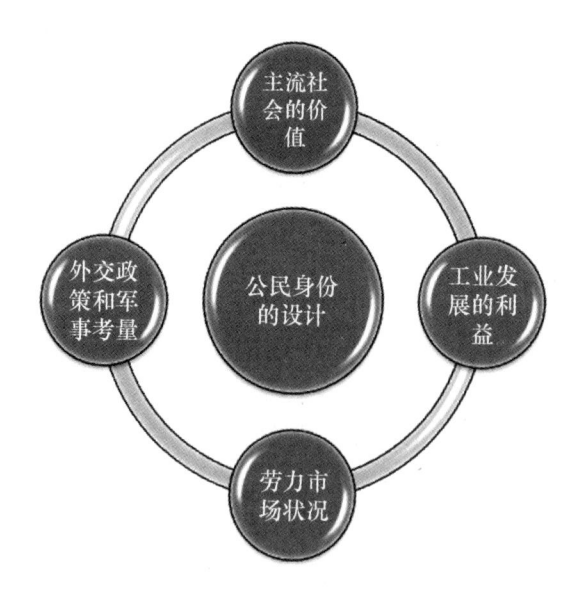

图 3.1 影响移民法案的因素

和执行的情况,国际特赦和难民组织也会发布年终观察报告;他们所讨论的事项并不仅是人权,而是国家的公民身份和权利也被列入讨论范围。

三 美国领土、主权和移民政策

若要仔细分析美国移民政策的形成,特别是国内各种意见间角力过程的变化,我们可以策略性地以美国领土管辖权的扩张方式为基准,先将美国国家转型分为两个阶段,再做进一步的观察。第一个阶段的美国移民政策是朝着西方大国这个方向来制定的,第二个阶段的移民政策则企图将美国的影响力延伸到全球。针对每个阶段,我将分别讨论主要移民法案的内容、国会面对工会反对的声音、最高法院关于宪法人权的判决以及政府组织在面对移民政策复杂多样化时的调整。我也将论及移民

过河卒子：美国全球战略布局下的华人移民

政策形成时的国际因素，例如美国外交政策的改变与地域政治的现实考量。因为这些因素或力量并不在新移民社群的控制范围之内，但他们必须面对这些力量所施予的限制，企图建立永久的家园，并朝着成为美国公民的梦想前进，① 这种突破限制的欲望则是另一种影响政策的力量，我们或可称之为反作用力。我的分析将可显示美国国家阶段性发展与美国在亚太区域势力消长之间的关系，然后再从这个关系之下，讨论亚裔移民在美国的公民身份。

（一）第一阶段：西方大国成形中的移民政策

当美国领土迅速地从东北部向西部和南部扩张时，急需人力开垦其新取得的领土。在此情形下，立法机关借由通过优惠北欧和西欧的移民法案，希望吸引来自北欧和西欧的人民移民美国的西部和南部，法案还鼓励这些新移民投资大规模的工业计划，以利当地长期的经济繁荣发展。但是相对于优惠北欧和西欧的新移民而言，同一时间的立法机关，特别是州议会，还立法限制来自东方的移民进入美国或在美国长期居留，并以保护美国国内的劳工为名，禁止来自东方的劳工进入劳动力市场。此外，为了限制已到达美国的亚裔移民社群的自然成长，美国立法机关特别限制亚洲妇女移入美国，这使得新移民社群在只有男性的状况下无法自然成长。

就在面对美国立法机构的严格限制下，第一批大规模的亚洲移民来到美国谋生，许多新移民刚开始都是从事苦力工作，在新开垦的大工厂和农地上劳动，寄钱回家乡，供养年迈的父母和幼小的子女。在美国工作的消息传回国内，许多同乡经由各种管道进入美国，希望加入他们工作的行列。来到美国的华工也开始在靠近工厂的地方，建立起社群互助组织，在周末或假日休闲时，许多华工亦参加教会活动，希望借此能融入当地主流社会。

---

① 本节不是一个完整解释移民立法的历史，也不是一个关于亚裔移民社群的民族志记录，本节的目的是建构系统性公民身份分析架构的第一步，对许多重要和之前较少提及的情况给予应有的注意。

第三章 美国的移民政策与其在全球开展的远端控制

虽然这些华人移民不具有取得美国公民身份的资格，可是因为华人移民潮持续不减，美国当地劳工开始担心华工会抢走工作机会。于是工会开始游说国会，在1882年通过明定禁止华人移民的法案。这个法案通过后，没有受到禁止华人移民法案限制的韩人和日人，取代了华人在大工厂和农地的工作，成为亚洲新移民社群的主力。同时，为了管控日渐增加和来源多样的新移民人口，联邦政府的职权在这一段时间里也逐步扩张，分配责任和管辖权，以及设立各种专责管理机构，并依照州政府和联邦政府等不同的经济活动和交通需求，企图控制新移民在美国领土上的各式活动。

相对于立法限制亚洲移民进入美国，才在北美洲站稳的美国也进入亚洲展开事先的布局。跟随在用枪炮打开西太平洋的西欧国家背后，美国在1853—1854年间进入日本，接着进入中国和韩国，在这些国家投资道路、铁路、电信等基础设施，开始了在东北亚的商业活动。美国并且积极地参与签署亚太海域的海上贸易条约，建立从亚洲到美国的海上自由贸易通道。很明显，在这个阶段，美国是以成为北美洲大国为目的来招募白人成员，开垦疆土，并预先进行商业布局以增加其经济实力的。至于美国当时国内发展与国际局势的各种变化，以及移民的处境，我将在下面进一步介绍。

1. 移民立法与管理的中央集权化[①]

美国的移民法案历史从殖民地时期开始，不过，初期很少有关于移

---

① 这部分关于殖民地移民法案的历史来自 Edward Proper《殖民时期的移民法案》，纽约：博士论文，哥伦比亚大学，1990年，第21—72页。关于殖民地与州政府移民立法的一致性来自 E. P. Hutchinson。《美国移民政策法案的历史 1798—1965》，费城：宾夕法尼亚大学印行，1981年，第388—403页。关于美国国会从州政府手中逐步获取移民法案立法的权力来自 Marion T. Bennett。《美国移民政策：历史的记录》，公共事务出版社，华盛顿DC，第7—14页，[1963] 2000年。关于联邦移民立法的记录，来自移民特别委员会在1910年发表的移民立法报告，华盛顿DC，政府出版品，1911年。这个报告提供从早期的立法、州的立法、联邦政府的立法、华人的立法，以及与日本政府签订关于移民的国际条约的立法的官方记录。

民的联邦立法,① 大部分都是在东部沿海各州的议会中讨论、审理和通过,并交由领事馆港口官员和海关管理税务的官员执行。仅有的两个联邦立法,一个是1790年的归化法案(The Naturalization Law)②,另一个是1798年的外国人煽动叛乱法案(The Alien and Sedition Act)。这两个立法皆授与美国总统在维护国家安全的前提下,可下令遣返任何在美国境内不具有合法公民身份的移民。

州议会立法通过的关于移民的法案,则有旅客法案(Passenger Act),保护新移民在海上航行的健康情况和人身安全。1819年的移民法案则针对船只载货、载人做出相关规定;此法案中有部分法条则列出禁止入境美国的名单,像是穷人或犯罪者等不受欢迎的人士。这个法案的法条也要求国务院向国会报告入境者的年龄、性别、职业、国籍和入境美国计划停留的地方。

当时的政治环境有一股浓浓的保护主义氛围,社会上则风行本土政党(Native American Party)、团结美国秩序(the Order of United Americans)和无知(the Know Nothings)等社会运动。不过,在国会选举时持这些政见的候选人,却始终没有达到多数。学者的解释是主要政党——民主党(the Democratic)和自由党(Whig Parties)基于内政和外交的考量,没有采用这些过激的反移民论述,在国会中不断地拒绝过度严苛的反移民法案;③ 但是他们还是采取了严选新移民的方式,鼓励富有的欧洲移民投资迁徙,反对穷人或是低技术的劳工移民进入美国。

在1860—1870年间,战后的经济萧条和一波移民潮跨越大西洋来

---

① 最高法院的判例 Ekie v. United States (142 U.S. 651, 1892) 开启了一连串联邦政府的立法,在这之前的联邦移民法案是非常稀少的。
② 1790年的法案是第一个联邦立法取代州政府管辖权的法案,这个立法规定移民者须满足两年居住期的条件,才可开始申请归化的程序。
③ 移民特别委员会的移民立法报告在1910年发表,华盛顿DC,政府出版品,1911年,第339—367页。

第三章 美国的移民政策与其在全球开展的远端控制

到美国,激化了反对移民的运动,① 运动领导者更努力地游说国会从中央管控移民的重要性。在强力动员的情况下,1864年国会通过法案,将移民的管控置于联邦机构的管辖权之下,由总统任命隶属于国务院之下的移民专员。这个倾向管控和限制的政策讨论,一直延续到1875年和1882年的移民法案;这两个法案不但增加禁止入境的名单,还授权海关官员对每一艘进入美国的船和人员进行检察。1891年的法案进一步扩张了联邦政府在移民问题上的权力,法案终止了管控新移民的州政府和联邦政府的并行结构,给予联邦政府完全的管辖权,并提供政府预算,建立一个管理移民的专责机构。

1882年的排华法案阻止华工进入美国;此法案维持了10年②之久。因为禁止华人移入,华人移民的管辖权设在美国财政部而非国务院。这个时期,美国国会论辩的议题主要集中在来自东方而落脚在西岸以临时劳动契约为主的移民社群上。为了保护当地劳工的利益和改善新移民劳工的工作环境,美国国会也立法增加入境的人头税③和识字测验,希望新移民的组成背景能达到一定的资产标准和教育程度。不过,这个英文识字能力的测验对来自北欧和西欧的移民比较有利,对东欧和南欧的移民则相对不利,所以也算是种族歧视的一种隐晦的表现。

保护本地公民工作权成为移民政策发展的核心。1885年的《外国劳动契约法》(The Alien Contract Labor Act)禁止输入劳工从事任何劳

---

① 战后时期的经济衰退导致反对移民运动的兴起,这些都记录在John Higham的《在土地上的陌生人:美国反对移民活动的模型,1860—1925》中,新布伦斯威克:罗杰斯大学印行,1955年,第28—34页。还有另外一本是Ray A. Billington的《清教徒的圣战,1800—1860》,纽约:麦克米兰出版社1938年版。

② 关于州立法限制中国和日本移民的立法资料,来自Rogers Daniels的《亚裔美国:1850年以来在美国的中国和日本移民》,西雅图:华盛顿大学印行,1988年。在这本书的第33页,作者提供了关于开矿税制的立法,在第36页讨论了警察税的征收,在第39页列出了关于立体空间空气流通的限制,立法限制中国城内多人聚居的狭小空间。

③ 人头税,开始是55分钱,1894年,上涨到1美元,1903年涨到2美元,1907年,涨到4美元,其目的是增加移民的成本,防堵穷人移民到美国。

过河卒子：美国全球战略布局下的华人移民

动力或契约性的服务。不过，为在美国的外国人提供劳动力服务而产生的暂时居留则算是例外，像是帮外交官或是外国商人整理家务和公事的秘书与仆役；至于演员、艺术家、教授，或是美国所需的特殊技术人员，因为他们可帮忙美国发展新的产业，也可以通过特殊名义入境。为了根绝海外劳工进入美国，美国国会进一步立法，禁止美国人在海外招聘或是设立有关美国工作机会的广告，并在1887年的法案里，给予美国财政部遣返违反《外国劳动契约法》的劳工的权力。

1891年、1903年和1907年的移民法案，持续增加了限制入境的条件。截至目前，被限制的条件包括过去是否有不良行为的记录，是否曾被主观判断为无道德价值，是否支持无政府主义者或尝试颠覆政府，等等。为了有效地建立这道门槛，相关机构必须强化海外情报的收集工作，增加管理入境名单的复杂性，并且要求通过延长可遣返时间的法案。①

总结来说，这一时期逐步确立了国家主权的优先性，对进入美国的新移民采取一系列拣选的措施，对符合资格的新移民给予优惠的投资和居住安排，对不符合拣选标准的新移民则采取积极限制的手段，甚至从可能的移出国那里就开始进行防堵措施。到后来，更以思想和意识形态做为拣选和遣返标准，增设管控移民的海外情报收集机构。这些举措似乎与美国宪法中人人平等的精神相悖，反而是以资产、语言和思想将新移民划分开来。以华人移民为例。即使美中之间当时签有外交条约，协定了两国人民可自由迁徙、居住，享有平等互惠的待遇，但之后的排华法案就严重违反了这个条约的精神，直接否决总统签署的条约。面对行政和立法机关在宪法上的权责位阶的质疑，美国最高法院在1892年对移民法案中国家主权的优先性提出了解释。这次的解释认为，在国际法

---

① 关于联邦立法持续增加的移民限制，记录在Roy L. Garis的《限制移民：美国反对和规定移民的研究》中，纽约：麦克米兰出版社1927年版，第83—116页。

第三章 美国的移民政策与其在全球开展的远端控制

的架构中，国家为了自我保存，有权禁止外国人进入管辖的领土，或是对不同事件和相关人士做出不同决定的自由。因此，美国有权对外交缔约国进行片面的拣选移民和差别待遇。

另外，在联邦政府的改制上，1903年的移民法案将管理移民的职权从财政部转移到商务劳工部（Department of Commerce and Labor）；1906年的移民法案将移民和归化的功能合并成移民归化局（Bureau of Immigration and Naturalization）；1907年的移民法案在移民归化服务方面增设移民咨询部门（Information Division），其功能是为新移民提供在美国的就业信息，想进入纽约港的移民，可利用政府咨询部门，向移民官员提出就业申请，这个举措将政府的管辖权扩及新移民的劳动力市场当中。

2. 军事外交的优先化[①]

招募移民背后的真正意图是美国在海外的扩张。相对于美国国内对东方移民的诸多限制，美国对开发亚洲市场一直保持着兴趣，积极寻求与亚洲国家签订贸易条约和开展合作计划。如果能让美国的商品和服务业进入亚洲国家，那么美国就有机会直接投资亚洲国内市场和参与其建设现代化的国家发展计划。此时的亚洲，对西方科技发展和美国所拥有的独占技术，产生了高度需求，国家之间竞相进行工业化竞赛。因此许多亚洲国家纷纷与美国政府和商会协商，借由签订外国投资协定，以市场换取技术，以求能够加速工业化的进程。在此类的外交协商中，美国传教士在亚洲的活动和亚洲移民在美国身份的问题也经常成为彼此协商的重点内容。

在东亚，美国最先打开的是日本市场。日本的战败经历间接扶植了

[①] 除了美国国会移民委员会所记录的立法过程之外，这个部分讨论的资料参考和引述了在这一领域著名的历史学家的著述，像 Rogers Daniels 的《亚裔美国：1850年以来在美国的中国和日本移民》（西雅图：华盛顿大学印行，1988年），特别是本书第29—66页的内容。关于美国劳动市场对华工的供需，参考了 Lucie Cheng and Edna Bonacich 编著的《资本主义的劳工移民：第二次世界大战前的亚裔劳工》（柏克莱：加州大学印行，1984年）第1—56页的内容。

· 75 ·

过河卒子：美国全球战略布局下的华人移民

明治时期所开始的一系列维新改革；① 改革之后，日本的国力迅速累积，因而在与美国代表的交涉过程中，获得了和中国不同的结果。当时的日本也开始针对特定地区进行有计划的大规模移民；这些地区包括南美洲的巴西以及北美的夏威夷等地。通过日本政府出面与夏威夷政府协调，夏威夷的日本移民掌控了夏威夷的主要经济活动，并借此在美国本土西部购买大量土地，发展大规模的技术农业。

相较于日本国力的跃进，当时的中国积弱不振。鸦片战争后，美国与中国签订《天津条约》，迫使中国开放更多的沿海贸易港口给美国商人使用；1868年，美中签订 Burlingame-Seward Treaty，给予美国在中国经商的最惠国待遇，并同意放宽中国移民移出的限制，认可人民有迁徙和归化他国的自由。② 许多华工于是进入美国修铁路③、挖矿、务农，从事制造业和小额贸易活动，另一些华工则开餐馆和洗衣馆，服务于华人社群。

此时的华人，除了商人、官员和少数拥有特殊技能的人之外，均无法取得合法的美国公民身份；美国的移民和公民身份法案对华人身份的控制特别严厉，所以当时在美国的华人大多是没有身份的劳工。当他们大规模地进入美国时，一连串寻求限制华人入境和充满歧视华人意味的法案便迎面而来。加州议会先在1850年通过《加州外国人采矿税法》

---

① 日本现代史的记录，呈现了一国国力与美国移民政策交互影响的关系。日本明治政府实施了一连串改革，带领日本超越亚洲其他国家的发展，日本的国力也帮助了日裔移民在美国身份的取得。当排华法案实行时，日裔移民及其眷属可自由进出美国，得到比其他新移民群体较好的待遇。细节请参考 Sven Saalen and J. Victor Koschmann 所编著的并于2007年出版的论文集，其中记录了传统和现代日本的历史：殖民主义、区域主义和国界。

② 美国国会立法记录（1789—1873年，华盛顿DC）、美国立法记录（1850—1973年，16：739）和1868年的 Burlingame 国际条约。

③ 华人移民在美国早期工作经验的资料来源参见 Arif Dirlik 编著的《在美国边境的华人》，2001年，兰翰：Rowman & Littlefield 出版社。关于华人开矿经验的资料，请参考 Randall E. Rohe 的《淘金潮之后，华人在美国西部的矿业 1850—1890》；关于华人在美国发展的工业，请参考 Russell M. Magnaghi 的《弗吉尼亚州的华人社群，1860—1880》。

第三章 美国的移民政策与其在全球开展的远端控制

(California Foreign Miners Tax);1854年,加州高等法院又公布了 The People v. George W. Hall 的判例解释,明定华人不得在美国法院作证指证白人犯罪;1855年的法案规定船运公司必须为载运无法取得公民身份的每一个乘客付费给美国政府;以及1862年的警察税法和苦力贸易法(The Coolie Trade Law),凡是居住在中国或身份属于中国的公民,只要被归类为"苦力",就一律禁止进入美国提供任何劳动力和服务。

美国对华人移民的差别待遇在内战之后更加收紧。1870年第十四条宪法修正案的通过给予非裔美人合法取得美国公民身份的机会,不过,美国原住民和华裔仍然被排除在外。同年,旧金山州议会立法,要求在美国监狱服刑的华裔受刑人剪去当时清朝规定的长辫子。1875年,美国国会立法限制亚洲妇女进入美国卖淫;但在实际执行时,却把每一个入境美国的亚洲妇女都当作可能的卖淫者,所以没有妇女可以顺利且合法地进入美国;这个法案严重限制了亚裔社群的人口增长,也助长了社群内娼妓和赌博等地下产业的发展。1876年,一个特别的国会委员会敦请政府重新协商 Burlingame-Seward Treaty,企图制定更多限制华人移民的法案。1879年,美国国会立法规定,每条船最多只能载15个华人;不过,当时的美国总统使用行政否决权推翻了这个法案,认为和之前签订的国际条约相抵触。

总体来说,一连串针对华人移民的限制,造成华人社群大多是单身男士,华人人口停滞不前。而前来美国的日本移民则不受此限制,可携带家属和女眷进入美国,少数日本妇女也可独自进入美国,这些差别待遇都是跟美国在海外的活动有直接联系的。1885年,日本明治政府放宽移出限制,与夏威夷政府签订条约,合作发展殖民作物经济,越来越多的日本人从夏威夷进入美国本土,建立起移民家园。[1]

---

[1] 请参考 Ronald Takaki 的《从不同海岸来的陌生人:亚裔美人的历史》,波士顿:Little, Brown and Company,1998年,第180—181页;Roy Hidemichi Akagi 的《日本的外交关系1524—1936》,东京:Hokuseiko 出版社。

过河卒子：美国全球战略布局下的华人移民

面对日益增加的严峻且具有歧视性的移民法案，华人移民前仆后继地提出法律诉讼，其结果有赢有输。1874年，加州第九巡回法庭裁决认定，移民事务不属于州政府的管辖权，这意味着州政府根本没有权限制定关于移民的相关立法。1878年，法院则裁定蒙古种人不是白种人，不能归化；这对于想宣称自己是白种人的亚裔移民而言，断绝了他们成为美国公民的希望。1879年，巡回法庭又裁定，之前要求华人犯人剪掉长辫子的法条，违反了第十四条宪法修正案，所以华人犯人可蓄辫。同一年，联邦法官宣判，将华人社群全部从旧金山城内移出的法案不成立。即使在法律上偶有胜诉，此时实际接受的执法待遇却更加严厉。当华人带着身份证明要重新进入美国时，他们的要求常常被移民官否决。① 最后，1882年通过排华法案之后，华人中就只有外交官、学生和商人可以合法进入美国。②

同年，美韩之间签订了《和平、友好、商务和航行条约》（Peace, Amity, Commerce and Navigation）。有些人士解读此法案的通过是要牵制日本在韩国境内日渐增加的影响力，并扩大美国在韩国境内的活动，增开对美优惠的港口，强化美韩之间的贸易交流。简言之，开放韩国移民的背后，隐藏着美国要在东北亚扩大影响力与争取最大国家利益的企图。由于这个条约，韩人开始大量进入美国居住、租赁房屋、购买土地；韩人在美国也有选择职业的自由，并可从事贸易与制造业。

如果美国在日本、韩国等国家的发展上看到了美国自己的利益，并

---

① 不过仍有少数的一些案例，联邦法官会允许华工申辩，放宽了对华商进入美国的限制。这部分的资料来源请参考 Charles J. McClain and Laurene Wu McClain 的《华人对美国法律发展的贡献》和 Christian G. Fritz 的论文《法律程序、国际条约的权力和排华法案》，收录在 Chan Sucheng 编著的《拒绝入境：排华和在美国的华人社群，1882—1943》（费城：天埔大学印行，1991年）中。

② 学者收录了这段时期美国主要媒体和出版物对华人印象的描述，然后用这个资料来解释排华的原因，参见 Stuart C. Miller《不受欢迎的移民：美国人对华人的印象，1785—1882》，柏克莱：加州大学印制，1969年，第191—204页。

第三章 美国的移民政策与其在全球开展的远端控制

因而欢迎日韩移民,那么美国显然不认为当时的中国可以提供类似的利益,或者对中国的疑虑大于对美国国家利益的追求。在移民立法的历史上,美国继续建造防堵中国移民的万里长城。[1] 1885 年的法案限制契约劳工进入美国;1888 年,限制短暂离开的华人再次进入美国;1892 年,将排华法案延长十年,并且要求在美华人取得政府的身份证明。1893 年,最高法院判定,国会有权限制外国移民进入美国,对于已经在美国的华人移民,则可立法限制他们的权利。[2]

此时的美国也在东北亚之外积极扩张其版图。[3] 在夺取墨西哥一半的领土之后,美国进一步将领土扩张到中美洲、加勒比海和太平洋。这种通过战争取得新领土的方式,在美国国内受到热烈的讨论。讨论的议题包括美国在古巴和菲律宾的军事行动,以及美国领土管辖权的定义。此时,这些讨论中出现了一个新的概念:non-incorporated territories(非合并的领土)。这个概念区分出一种非合并领土的美国领土,并认为此类领土上的人民不具有美国公民身份,却还是受到美国政府直接管辖的。因为这个概念企图合理化统治的方法,与美国立国的自由平等精神相悖,加上 19 世纪末 20 世纪初不断的海外征战,美国人对国家领土如何扩张的意识形态也出现了矛盾与冲突。1867 年,美国向苏俄购买阿

---

[1] Aristide Zolberg 用这个词语即"对抗中国的万里长城"来形容美国限制华人的移民政策,见 Aristide Zoberg 的《对抗中国的万里长城:回应第一个移民问题危机,1885—1925》,收录在 J. Lucassen and L. Lucassen 编著的《移民、移民历史和历史》(波恩:瑞士:Peter Lang 出版社,2005 年)中。

[2] Fong Yue Ting v. United States,最高法院报告,第 13 集(15 May 1893:1016),第 1030 页。Mr. Justice Brewer-Seward 写下了反对的意见。他评论说,美国宪法不允许因为移民的种族而驱逐移民,而且,依照 Burlingame-Seward 条约,美国政府应给与华人劳动者与一般美国公民以及最惠国待遇国家的公民一样的特权。

[3] 其中一个例子是,美国逐步向西扩张,确立它在美洲大陆的影响力。1836 年,德州宣布从墨西哥独立,美墨战争随即爆发。战后,1848 年 2 月 2 日,美墨签订 Guadalupe-Hidalgo 条约,墨西哥丧失一半的国家领土,留在美国领土上的墨西哥人,在政治上,成为美国的少数族群;在经济上,必须负担额外的税负;在社会上,要面对定期的反对墨西哥移民的运动(Fuchs, 1990)。

拉斯加；1898年，美国发动军队兼并夏威夷。同年，美国签订《巴黎条约》，在太平洋取得关岛、马里亚那群岛（Marianas Islands）和菲律宾群岛的控制权；在加勒比海地区则取得古巴和波多黎各等领土。

基本上，这些领土上的人民只能算是美国的二等公民。他们不具有美国公民身份，也不是外国人；虽可自由进出美国，但是在美国国内的活动则受到限制；① 他们必须向美国效忠，但是没有一般美国公民所享有的权利。他们没有政治代表权，在受审时不需陪审团，美国国会甚至可以随时取消他们的国民（national）地位。简言之，在美国的外交考量里，夏威夷、关岛、萨摩亚和菲律宾都被视为重要的战略港口；它们在位置上控制着周边的海上贸易线，因此对往来的美国商船具有高度的商业意义。这时，为了兼顾军事外交和国内反对特定种族团体移民的压力，美国国会于是设计出管理不同公民身份和权利义务的移民政策，区隔出"非领土内的美国人"（U.S. national in unincorporated territories），让他们完全屈服在美国本土社会和政体的运作之下。从这点来看，美国在接纳来自中国、日本、韩国和菲律宾的移民时，也把美国国家利益摆在最前面，给予他们不同的待遇。从此移民不再是跨国劳动力供需的产物，而是具有在西太平洋区域建立同盟和牵制特定国家的战略意义。

3. 国家安全与移民之间的冲突

20世纪初，美国在亚洲的布局基本上延续19世纪末的策略。虽与日本继续保持同盟关系，但同时也强化与韩国的双边关系，以牵制日本在东北亚的扩张。对美国在东南亚的属地菲律宾，则施行优惠措施，其

---

① 1901年，高等法院判决国会有权决定美国领土的法律地位，国会可决定是否将特定领土纳入国家体系，或是决定美国宪法行使权力的范围，是否扩及特定的管辖区域。当时的美国公民身份法案，创造出一个新的法律名词，即the Insular case，给予国会正式权力，决定管理美国领土的方式。在制定移民政策时，法院提出一个原则——有限的权利原则，即国家主权有权给予受到美国政府管辖的人民（Aleinikoff, 2000；Burnett and Marshall, 2001：13），因此，美国政策制定者颁布新的公民政策，将居住在美国unincorporated territories的居民，定位为美国人（national）。但是，这些美国人（national）的法律地位是模糊的。

第三章 美国的移民政策与其在全球开展的远端控制

商品和服务在美国市场享有免税的优惠。活跃在美国属地的商人多从事出口和财务操作的经济活动,为繁荣属地经济做出很大的贡献。以属地港口为据点,美国也在东南亚获得了重要商港的使用权和海上贸易航道的控制权。

美国因扩张策略而决定移民政策的最佳例子,就是美国与日本在当时的互动和协定。日俄战争后,日本击败俄国并取得中国满洲和韩国的控制权,得以迅速在世界舞台上兴起。美国基于维持在满洲、韩国和中国通商的利益,在1908年与日本签订"高平协定"(Root-Takahari Agreement),尊重彼此在亚洲太平洋的利益。因此,美国承认日本对韩国的主权,日本则尊重美国对菲律宾的管辖,并表态支持美国对中国的门户开放政策,让欧美国家可自由在日本管辖的满洲经商。同时,美日两国达成任何一国都不独占太平洋的共识,所以日本在太平洋的活动应集中于靠近日本的海岸。1911年,美日签订航行和商务条约(U. S.-Japan Treaty of Navigation and Commerce),再次表达尊重彼此在太平洋的自由航行权和领土主权,美国也重申尊重日本在韩国的主权,日本则尊重美国对菲律宾的管辖权,美国政府并给予来到美国的日裔移民不同于其他移民的优惠待遇。由此可见,美国在20世纪初仍具有在太平洋开拓市场和领土的海外企图。

但是,面对第一次世界大战的危机,美国本土开始进入立国以来最闭关自守的时期。最严峻的移民立法就发生在第一次世界大战前后,目的是维护国家安全和遏止来自欧洲的移民/难民潮。1917年的移民法案,扩大了移民局的职权,让他们在审查某些特殊的移民申请时,可以自行决定是否拒绝条件合格的移民进入美国。在同一个法案里,美国再度增列禁止入境美国的条件,将不识字的人、心理不正常之男女、企图从事不道德行为者、酗酒者、流浪汉,或是来自特定种族和地区的人民,都列入禁止入境美国的名单之中。在欧洲卷入战争之前与之后,美国对移民的态度趋向保守而采取了紧缩的措施。

过河卒子：美国全球战略布局下的华人移民

因为几乎完全限制外国人移民美国，美国面临着劳动力不足的问题；解决办法是输入短期劳工以因应廉价劳动力市场的需求，而邻近美国的墨西哥则成为短期契约劳工的首选。1917年，移民局修改移民法案，暂停移民法案所要求的识字测验和人头税的课征，用签订合约的方式引进墨西哥劳工。入境美国的墨西哥劳工多从事农田耕作、修筑铁路、帮美国政府兴建大楼和挖矿工作。虽然亚洲并未直接卷入第一次世界大战，美国对亚洲的戒心还是持续着，所以1917年的法案仍然将亚洲排除在可入境美国的名单中。美国国会定义的亚洲移民禁区范围包括了南亚、阿拉伯半岛到中南半岛，未受美国控制的亚洲岛屿，以及之前就依排华法案所禁止的中国。1921年的移民配额法案（Quota Act of 1921）通过后，亚洲禁区一直未获得任何的移民配额。[1]

针对亚洲移民的限制举措还有1922年的凯博法案（Cable Act），其中明白规定，美国女性公民如果和不具有公民身份的新移民结婚，将丧失美国公民权；这个法案间接地影响了亚裔社群的自然成长。许多出生在美国的华裔和日裔女性美国公民，如果嫁给从亚洲来的新移民，将会丧失其美国公民身份。这对华人单身男子的困境无疑是雪上加霜，因为法律已经不准华人女性入境，现在又没有美国女性冒着失去公民权的风险下嫁。相对而言，日裔男子的父母、配偶和小孩还可以经由依亲的方式，与在美国的亲人团聚。因此，虽然法律不允许日裔美人与亚洲新移民通婚，日裔移民社群可以利用依亲方式，把在日本迎娶的新娘带入美国，日裔人口仍可借此自然成长。不过面对日裔移民在加州日益增加的经济影响力，加州议会最终还是开始寻求限制日裔移民的立法途径。一个在1920年通过的法案限制了日裔移民将农地赠与他们在美国出生的小孩，企图经由限制日裔移民私有财产的赠与和转让，降低日裔移民

---

[1] 这本书对这段美国史上最黑暗的限制移民立法的时期有着详细的记录。Mae M. Ngai：《不可能的被支配者：非法外国人和现代美国的建立》，普林斯顿：普林斯顿大学印行，2004年。

第三章　美国的移民政策与其在全球开展的远端控制

累积财产的速度与持有土地的范围。

4. 两次世界大战之间坚壁清垒

接连的两次世界大战进一步加强了移民立法过程中的国家安全考量。第一次世界大战期间，美国国务院和移民局建立了美国的护照系统。1917 年，国务卿和劳工部长联合下令，要求在战争期间想进入美国领土但却不具有美国公民身份者，必须出示护照证明和提供许多个人资讯的细节。1918 年，美国总统发布行政命令，对外国人进出美国的行程，必须实行完全控制。另外，在战争期间，许多新移民面临了威胁美国国家安全的指控；一些德裔移民被控从美国内部颠覆政府，为敌军作战；此时的移民法案甚至禁止美国国内教授德文和印制德国书籍和说德文。到了战后，则限缩移民配额，并在国内对之前的移民推行"百分之百美国化"的运动（Helbich and Kamphoefner, 2004）。

1924 年，美国国务院、劳工部和商务部合作设计新的移民配额计算，配额的总额系根据 1890 年美国人口 2% 的数额，至于配额的分配则依据 1920 年美国本土人口分布的状况。所以有效地排除了许多来自东欧、南欧和亚洲等国家的穷移民，因为这个移民配额法案还加重了对新移民的税负。这个法案同时也扩大了禁止亚洲移民来源的范围，还结束了与日本签订的友好条约（the Gentlemen's Agreement with Japan），日裔移民的优惠条件开始消失。基本上，这个法案只让具有归化资格者取得永久居留权，既然亚洲人无法取得归化成为美国人的资格，永久居留权和公民身份也就变得遥不可及了。

此时，美国所采取的移民闭门政策反映了一种闭关时的氛围。美国总统罗斯福和威尔逊还曾经尝试继续扩张美国在世界的影响力。例如，威尔逊总统提出了全球集体安全系统的计划（Global Collective Security System），企图将美国总统在世界舞台上的影响力推到一个高峰。不过，这个计划在 1919 年严重受挫，因为当时的美国参议院否决让美国成为国际联盟（League of Nations）的一员，这使得整个全球安全计划的安排面临挑战。在民意的支持下，此时的国会积极限制美国在国际事务中的参与，其中一个代表性的成就是1930年通过的中立法案（Neutrality Acts）和限制贸易与移民的法案。[①]

面对已经在美国的新移民，美国则采取具有安抚性的宽松政策，并鼓励新移民归化成为美国人。同年，对于第一次世界大战退伍军人的认定被放宽，让参军的新移民取得归化成为美国人的资格；还有过去因嫁给外国人而丧失美国公民身份的女性，也可重新归化成为美国人。在放宽归化资格的限制之后，申请归化的新移民数目开始增多。在一份1935年的报告中提到放宽归化资格的几个原因。依据当时的法律，国家的大型建设计划和私有企业只能雇用美国公民，不具公民身份的新移民几乎没有工作机会；而此时，国家又需要大量的劳动力进行经济重建计划。允许一部分新移民加入劳动市场，可缓解一时的劳动力需求。另外，许多州议会立法禁止不具公民身份者享有社会福利措施，并且根据社会安全法，只有公民才能享有退休金的保障；在不改变既有法律的条件之下，放宽归化资格或可解决新移民因贫困所造成的社会问题。

到了欧战爆发之后，美国政府所属的安全机关开始清查新移民在过去或者当下是否有颠覆政府的行为。1940年的外国人注册登记法（Alien Registration Act）明定，如果新移民在过去曾加入被认为是颠覆政府的组织，不管加入的时间长短都将予以遣返出境。第二次世界大战结束后，国家安全法针对出入境和移民的背景建立起各式档案；1952年明定，即使是已归化成为美国的公民，如果对过去有无颠覆行为一事拒绝作证，将被取消公民身份。对亚洲移民社群，特别是华人社群来说，在战争和冷战时期，这些法案提供了扫除美国国内的社会主义同情分子和共产党党员的法源依据；这对亚洲移民社群，特别是华人而言，无疑增加了一个不稳定的因素。

[①] Hamilton, 2004: 10.

第三章　美国的移民政策与其在全球开展的远端控制

5. 亚洲移民的命运浮沉

太平洋前线的地缘政治，影响了新移民在美国取得公民身份的资格和在美国从事的活动。在其命运被不同政治经济力量摆布的同时，移民也企图捉住机会来增进自己的地位或改善自己的生活。从某种程度上来说，他们与母国的关联虽是负担，却也可能成为资产。移民的挣扎也成为美国国家形成的重要部分。

美国的国家力量对移民的操控可以从韩国、日本和菲律宾在美国劳动市场的位置上看出。日俄战争后，韩国成为日本的保护领地，美国开放一部分韩国人以难民和学生身份进入美国。这些韩人在美积极鼓吹韩国独立，并从事各种各样的独立运动。① 为了切断在美国的韩人独立运动与在韩的独立运动之间的联系，并保护日本人在夏威夷的工作权不受韩人威胁，日本在 1906 年立法，禁止领地韩人移入美国。②

不过，当时因为排华法案而来到美国的韩人已有一定的数目，韩人可组成互助团体，帮助社群发展，许多韩人信仰基督教，在大城市里兴建教堂。1905 年，旧金山的韩人建立卫理公会，举行礼拜仪式。1906 年，韩人长老教会在洛杉矶建立教堂。10 年之间，韩裔移民在加州建立了 12 个教堂，值得注意的是，此时韩人教会的长老通常也是韩国国家协会的官员，而许多韩人长老教会教友，也是独立运动的领袖，宗教活动和独立运动之间是重叠的。此外，旅居夏威夷的韩人也组成社区自治组织，因其在美国不受日本保护领地的影响，多印行韩文报纸、韩文教科书，建立韩文学校，有时捐助金钱给予在韩独立运动的支持者。

总括来说，因为此时韩国仍是日本的领土，所以韩人必须使用日本护照进入美国。他们在美的身份地位的变动，一方面是受到美国期望与

---

① 1909 年，这些社群组织联合起来成立了 Tae-Hanin Kungmin-hoe（THK），北美韩国人国家协会，为北美韩人独立运动进行动员。
② 请参考 Andre Schmid 的《在帝国之间的韩国》（1895—1919），纽约：哥伦比亚大学印行，2002 年。

韩人之间建立合作关系的影响，但另一方面又受到日本对美国施压，承认日本对韩统治的牵制。

菲律宾则是另一个美国调控亚洲移民的例子。菲律宾是美国在东南亚的属地，除了国防和教育在美国政府的控制之下外，其他部门则由菲律宾人自行管理；菲律宾人虽拥有进出美国的自由，但是不具有美国公民身份。菲律宾人的美国身份使得他们获得了不同于其他国家劳工的待遇。当美国国内保护主义声浪大起，禁止日人和韩人进入美国工作时，菲裔美人因其特殊身份而弥补了夏威夷劳动市场的空缺（DeWitt,1976：13）。在1907—1919年间，超过24000个菲律宾劳工进入夏威夷。在这个过程里，菲律宾政府也积极与美国斡旋，为菲律宾劳工创造海外工作机会；菲律宾政府甚至安排其劳工部官员长期在夏威夷驻守，以便随时了解当地就业市场的情况。当夏威夷的工作契约结束后，许多菲律宾人甚至直接进入美国西部本土，寻找另一个工作机会。

当菲律宾人在美国本土的数量成长到一定数目时，面对西部劳工的抗议，以及美国是一个殖民国家的指控，美国政府决定不让菲律宾人继续成为美国公民，开始支持菲律宾从美国领土上脱离而独立（Go 2008）。1934年，美国国会通过Tydings-McDuffie Act，将菲律宾的地位从非合并的领地转变成美国联邦的一部分，并同时宣布菲律宾将在10年后脱离美国联邦而独立。这个法案明定，在菲律宾独立之后，菲律宾人就不能自由进出美国，且必须遵守每年50名的移民配额，为鼓励在美国的菲律宾人返回菲律宾，美国国会也拨款，免费送已在美国的菲裔移民回乡。①

从以上这些举措里，我们可以看出美国政府面对亚洲移民时的另外一面。为了制衡特定国家、打开海外市场或是巩固邦谊，美国有时愿意

---

① 为奖励菲律宾人离开美国回到菲律宾，美国政府祭出免费交通，送菲律宾人回菲律宾的政策，可是响应这个活动的菲律宾人很少，只有约45000人返回马尼拉。详细记录请参考 Posadas, Barbara M. 的《菲裔美人》（Westport: Greenwood Press, 1999）。

第三章 美国的移民政策与其在全球开展的远端控制

暂时在移民议题上做出有弹性的让步,但基本原则仍是希望亚洲移民越少越好。待输入的契约劳工约满之后或是面临国内劳工的抗议时,美国政府即会切断契约劳工成为美国公民的机会,并通过控制移民配额的机制使其进入美国的机会大减。

虽然国家的力量强大,移民几乎完全受其摆布,但移民并非完全没有任何支援的管道。工会组织就是其中最好的例子。当美国工会企图用罢工争取更好的薪资和工作环境时,常会导致雇主雇用新移民来取代他们的位置。为了增加与雇主谈判的筹码,有些工会会邀请新移民加入美国工会,以迫使雇主让步。在这种工会抗争的策略之下,部分亚裔劳工即使没有美国公民身份,也能拥有美国工会会员的身份,并与工会会员一起罢工并参与与雇主集体协商的过程。这个发展给予亚洲移民一个新的机会,让他们在美国社会中的生存有了一个新的立足点。

日裔移民在1909年所组织的大规模劳工运动是首次被完整记载的历史事件。尽管日本政府因为外交考量而对这次劳工运动表达了反对立场,然而,这个运动仍持续了4个月。这个运动迫使殖民经济的主事者推行多项改革,包括提高最低工资和改善工作环境(Jung,2006)。因怕集体罢工行为再次发生,雇主决定输入菲律宾劳工,以降低日裔劳工的数量。1920年,日裔劳工和菲裔劳工索性一起罢工,开启了第一个跨种族的劳工运动,这次的行动超过4个月,却因遭到族群分化而瓦解。

华裔劳工在这个时期也开始组织工会争取权利。1918年,华工在芝加哥组织餐馆工会,并在1925年通过工会来争取最低工资和休假的福利。1938年,华裔成衣工厂的女工集体罢工,抗议廉价商店压低她们的工资;她们的行动获得国际成衣女工工会的支持,其抗议的要求最后也得到了解决。

亚洲劳工没有美国公民身份却能组成工会的事实显示,他们多年在美国市民社会和工作场所参与和付出的心血并没有白费。他们的诉求受到许多美国本土工会的支持；有些工会甚至将移民工人的组织纳入分会。即使并未获得公民身份，移民的工会会员身份的认可也代表着他们已被接纳为美国社会的一分子；这指出了融入美国社会的另一条路径。

新移民在第二次世界大战前虽然饱受限制与歧视之苦，但战争也提供了一个机会。部分新移民的命运反转，追寻个人成就与改变社群地位成为可能。相对华人移民而言，日裔移民曾拥有较好的待遇，但是此优惠只维持了很短的时间。1913年，亦即在"高平协定"（Root-Takahari Agreement）签订5年后，日裔移民在加州的动向受到了关注；美国本土人士为了削弱日人的竞争力，开始游说议会立法限制新移民的活动。同年，加州通过了外国人土地法（California Alien Land Law），禁止不符合公民身份资格的人拥有美国的土地；[①] 1920年，又通过法案禁止日裔移民将土地赠与他们出生于美国的子女；[②] 1923年，俄勒冈州立法也禁止日裔移民购买土地；1925年，一些以反外国人为诉求的组织在俄勒冈州成立，诉求不租、不售土地给当地的日裔移民，并反对所有的亚洲人移民美国。

在国会方面，1924年，美国中断与日友好条约，[③] 面对日裔移民所受的种种待遇，日本报复性地将从美国运来的货物课以百分之百的重税；这个政策实行不到一年，美国在日本的贸易商就已无法生存。[④] 但这些都只是战争前的游戏，1931年，日本侵略满洲；之后数年，又在

[①] 详细记录请参考Elmer C. Sandmeyer的《加州的反华运动》，厄巴纳：伊利诺伊大学印行，1973年；Chan Sucheng的《苦甜的土壤，华人在美国加州的农业，1860—1910》，柏克莱：加州大学印行。

[②] 这个规定在1948年废除，the Oyama v. California。1952年，Fujii Sei v. State of California. 法院判决1913年和1920年的限制外国人土地购买和移转的法案无效。

[③] 亚洲移民的外交档案和联邦政府与州立法的辩论记录，可参考George F. Kennan的《美国外交档案，1900—1950》，芝加哥：芝加哥大学印行，1951年，第49页。

[④] 请参考Odo Franklin编著的《哥伦比亚美国档案历史：亚裔美人的经验》，纽约：哥伦比亚大学印行，2002年，第202页。

亚洲和太平洋岛屿发动多场战争。① 中日在1937年开战；两年后，德国入侵波兰，欧战爆发。当英法联手对抗德国和意大利时，日本选择与德国和意大利签订合作条约。1941年，日本攻击珍珠港，导致美国对日宣战，并加入欧洲战局。

面对侵略者日本，韩裔、华裔和菲律宾裔等亚洲移民组织开始结盟，一起展开政治动员，企图游说美国政府和国会议员不要再对亚洲的战局置身事外。他们捐钱购买战地物资送进亚洲，许多年轻的男人自愿从军，妇女则纷纷被征召到国防工业企业里工作，成为生产线上的作业员，甚至从事情报工作。本来在华裔社群里，男性与女性很少有机会在一起工作，但因为战争之故，他们开始合作，进而打破原本在公共领域中的性别藩篱（Kwong and Mišćević，2005）。

当时的日本采取双重国籍制，面对一般美国人对日裔移民忠诚的质疑，许多日裔移民选择志愿从军，借此宣誓对美国的效忠。一封印着3万个日裔移民签名信件也寄到美国国务院，表达他们想放弃日本国籍的意愿。为了自救，日裔移民团体在1941年印行20页的双语小册子来介绍美国主义，企图减缓一般美国人对日裔移民的敌意。1942年，美国军事将领原本打算征招1500个日裔移民志愿从军者，结果超过9500个在夏威夷的日裔移民报名效忠；他们之后被分发到密西西比州，成为后来有名的442特种军团。同年，罗斯福总统签署行政命令，将1.2万名日裔移民送进集中营，由联邦政府集中管理；大部分集中营设在偏远地区，比如路易斯安那州、新墨西哥州、俄克拉荷马州、蒙大拿州和德州。送进集中营的日裔移民失去了所有私人财产（Deniels，1988）。美国各地还发生多起攻击日裔移民的事件；担心被误认为是日裔的华人，开始佩戴自制别针以表明自己华裔的族群身份。

---

① 太平洋战争计划只是其中一个在区域竞逐权力的大计划中的一个阶段，一个比较完整的历史叙述，请参考Chushichi Tsuzuki 的《现代日本对权力的竞逐，1825—1995》，牛津：牛津大学印行，2000年。

华裔社群则因战时美中成为盟友而咸鱼翻身。旧金山区的华人妇女组织与纽约和夏威夷的华人移民组织联合起来向国会游说,希望废除排华法案。美国为了表达对战时盟友的感谢,终于在1943年废除排华法案,并给予中国每年105个移民配额。虽然此一政策转向随即遭到美国劳工组织和退伍军人团体的反对,但这个新的法案终于推翻了长久以来禁止华人进入美国的立法,给予华人归化成为美国公民的权利。这个归化成美国公民的权利随后在1946年授与菲律宾人,在1952年则授与日裔和韩裔移民。

战争的结束与和平的降临改变了美国对亚洲移民的态度;许多新的移民政策显示,过去坚壁清垒的方向被重新审视。

1945年的战争新娘法,因为在战争期间许多亚洲女性嫁给美军,让她们不受移民配额的限制,给予她们直接归化成为美国人的待遇。不但为数众多的来自亚洲的女性因此进入美国,之后的依亲法案更是带动了美国退伍军人的亚洲亲属的移民潮,而亲属之间的链接进一步引发了连锁效应,让更多的亚洲人利用依亲方式进入美国。1952年的移民法案提出了对移民法案的重新检讨和新的设计蓝图。1961年则明确规定领养外国孤儿并不受移民法案的限制,还废除了亚洲太平洋地区2000个名额的上限;这个法案同时废除美国入境申请书中必须填写种族和族群分类的要求。1961年和1962年的法案,逐渐从过去强调移民者的种族和国籍,转变成为强调移民者的职业身份和技能,以及家庭团聚的社会关系,亚洲人过去因种族肤色而受到的移民限制终于因此获得某种程度地放宽。

总结来说,相对于美国国会的保护主义和对国际事务采取不参与的态度,美国行政部门对于移民的议题则采取比较开放的态度,表现出参与国际事务的高度兴趣,对移民配额也采取相对开放的态度。还有在两次战争期间,禁止进入美国的条件越来越多,其中对思想和道德的要求更将移民的议题复杂化和政治化。除了对移民者的财产要求和国籍外,移民者个人过去参与社团的经验、生活方式和思想倾向,都成了美国政

第三章 美国的移民政策与其在全球开展的远端控制

府决定新移民未来是否有可能颠覆政府的考量依据。但到了美国加入战争之际，一切分类都简化为敌友之分。这个时期与美国成为战友的国家，例如中国和印度，其移民在战时和战后就得到比较好的待遇；若是移民来自与美国为敌的国家，那么他们在美国的人身安全和财产就会失去保障。最后，为了战后新的全球布局，美国的重大移民法案都朝开放移民配额的方向前进，并把职业和家庭团聚列入主要考量之一。

（二）第二阶段：战后全球布局下的移民政策

在巩固其在西半球影响力的过程中，美国从墨西哥获得了大量的土地，并在与西班牙的战争中，获得了古巴、加勒比海地区、波多黎各、维京群岛等地的控制权，成为美国管控西半球航道通行的据点。美国也在与夏威夷王国的战争中，成功地获得了夏威夷的控制权，不但掌握了夏威夷的殖民经济，还控制了与加州之间的航道和周边太平洋海域。从此与日本在太平洋海域各据一方，并承认在彼此影响范围（sphere of influence）内所进行的远端控制（remotely controlled）、非直接统治（indirect rule）的领土管辖权。美国在此影响范围内的亚洲领土还有关岛（Guam）、美属萨摩亚（American Samoa）、马里亚那群岛（the Common Wealth of Northern Mariana Islands）和菲律宾群岛（Archipelago of Philippine Islands）；因为这些地区属于美国海军的管辖之地，所以是由美军控制港口的使用与对外贸易和关税的制度，但在地方上则尊重部族自治，由各族部落长老负责与当地居民沟通。在亚洲太平洋海域，美国则坚持门户开放政策（open door policy）；以中国为例，美国要求各国开放它们在中国的领地和通商口岸，促使美国的货物、服务和在华的投资能优先且顺利地在亚洲的各个通商口岸流通。

由此可见，美国在亚洲地区的占领行动并无意深化自身成为一个殖民帝国，而仅是要组成一个扩及远洋和近海的自由贸易网络，以方便美国商船优先停泊、获得补给和上岸通商；在美国控制下的商港虽有军事基地驻防，但其主要角色是保护商业和控制航道战略据点。控制口岸之后再往内地延伸，美国进一步展开促使货物和服务进入内陆，以扩大市场占有和依赖的关系。配合当时的移民政策，这些非直接统治的领地可为美国国内提供廉价的劳动力，在以商业为重的心态下，美国之前无意与当时的亚洲霸主日本竞争；不过在美国对外活动中则可提供适当的中间人，引领美国商品服务进入亚洲各国市场。这种以岛屿和重要商港为据点，以及结合商业和军事活动的非直接统治手段，为第二次世界大战后的美国全球布局奠定了深厚的基础。

第二次世界大战结束后，美国协助欧洲、亚洲、拉丁美洲和中东地区进行战后重建，并展开促使殖民地独立和改革其市场经济等工作；在协助这些国家转型的过程中，美国逐步成为具有全球影响力的强国。对应于此一新的领导地位，美国的移民政策也大幅度地调整过去以种族和语言文化为主要考量依据的做法，起而代之的是对多元化的重视，让移民政策成为美国建立新的国际秩序的策略，以赢得冷战的胜利。例如，在战后的重建工作中，美国就常通过新移民来与移民母国的政治经济体系紧密合作，将美国的价值体系和商品服务融入这些国家的发展计划之中，使其成为美国经济和军事同盟的潜在合作对象。肇因于此，第二阶段中的移民法案十分强调移民者的专业技能和凝聚资本的能力，尤其欢迎专业人士研发新技术或是资本家投资美国，让美国成为技术和资本的中心，也让移民者的母国成为美国企业制造和劳动力的伙伴。如果新移民的母国是美国冷战时期的盟邦，而他们本身又拥有关键技术或是巨大资本，那么，他们就可以较快地取得美国公民的身份，或是享有比一般新移民较多的美国公民权利。以下我将对这个阶段的移民政策变化做更详尽的描述。

1. 引领战后重建工作

第二次世界大战后，美国在重建国际政治经济秩序上表现出高度的兴趣。美国政府支持联合国、国际货币基金和国际重建与发展银行等组织的设立，希望推动一个以美国为首的新的经济体系的建立。美

第三章 美国的移民政策与其在全球开展的远端控制

国财政部也提出一系列经济重建计划,拟订了一个以英美等国为首的国际经济决策体系,并在世界各国寻求支持。[1] 美国同时还协议各国降低关税措施,加快欧洲和日本经济复原的速度。到了20世纪70年代,美国为了确保石油能稳定地输入美国,积极设立资本流通机制,将石油货币导入美国所主导的国际金融市场,并活络美国资本市场的运作。[2] 在这整个过程中,美国的移民政策对资本拥有者产生了特别的偏好。

相较于经济上的逐步扩张,美国反而接连在韩国和越南遭遇了军事挫折。[3] 美国在战后先与韩国打成平手,[4] 之后为了保持其在亚洲的商业利益和战略据点,开始为日本和韩国提供大量的金援和军援,以换取它们参与日韩战后经济重建与在当地驻军的协议。到了70年代,美军在中南半岛再度失利,只好修正其移民法,将大批难民带入美国;这些新移民不但改变了旧有移民社区的生活方式,也重组了亚洲移民的结构。[5]

对许多亚洲国家来说,战后时期向美国输出的商品是国家收入的主要来源;然而,这也意味着美国与亚洲的双边贸易为美国创造了巨大的贸易赤字。不过,美国利用另一个管道来取得平衡,那就是对亚洲输出的"服务"类别;这为美国创造了巨大的贸易顺差。特别是那些需要高度专业的服务技能,美国在亚洲展现出高度垄断市场的能力。因为美国此时需要大量招募与集中技术持有者来保持其竞争力,这些以专业服务为主的贸易活动成为一股推动新移民法案立法改革的力量。

---

[1] The Bretton Woods Proposals,第2页,讨论国际货币基金;第8页,讨论成立战后重建和发展银行。

[2] Mann, 2003: 69-84.

[3] Anderson, 2003: 309-329.

[4] Matray, 2003: 271-275.

[5] The Hew Refugee Task Force Report,收录在中南半岛难民档案、迁居过程、联邦政府的计划和政府预算等资料中。

2. 论功行赏的移民政策

战后，以限制特定种族或族群为目的的移民法案全都被废除。在1964年的民权法案中，要求公立学校、相关机构和就业单位不可根据学生或应征者的族群身份做出差别待遇。1965年的移民法案废止了具有歧视意味的欧洲移民配额，也把过去针对亚洲移民的排除法案予以删除。这些改革开启了来自欧洲和亚洲的新移民在美国生活的大门；不过，当面对墨西哥和加勒比海的移民时，美国仍然决定延续既有的限制。

在开放新移民的同时，新的移民法案也给予美国劳工部长更多的权力来保护美国国内的劳动市场。为了不让新移民造成劳动市场的激烈竞争，移民法案规定，新移民必须得到劳工部的证明，以确认他/她所拥有的技能的确是美国市场所短缺的；通过这样的管控，雇用新移民就不会压低美国工人的工资或使得工作环境变得恶劣。[①]

1966年的移民法案则进一步修正归化的条款，明定美国公民若因受雇于美国政府或国际组织而旅居国外，那么他们在国外停留期间仍享有美国公民的所有权利。这个法案使得美国公民的小孩，即使出生在海外，仍可继承父母的公民身份。这个法案对美国积极参与国际事务有很大的助益，从此美国公民更乐意接受美国政府的派遣，到世界各地旅行和工作，而不再担忧自己和子女是否会因此失去美国公民的身份和权利。这个法案同时也为受雇于美国政府机构的外国人提供一个归化成美国公民的机会，如果他们成功地增进美国的利益。如果美国军人在执行任务时殉职，其外籍配偶的归化程序将会加速办理。与美军在越南和其他战争中一同作战的外国军人，也可以申请归化成美国公民。这些在冷战时期成形的法条内容，对美国在全球各地的活动提供了实质性的助

---

① 这个关于新移民就业的法案，适用于来自西半球的新移民和永久居住民，以及享受第三和第四优惠条件和非优惠条件的新移民。

力；一些帮助美国实现其国家利益的外国人，都可依据此法案而顺利地成为美国公民。

除了国防和外交领域之外，1970年的法案进一步扩大了贡献美国的定义，核准了其他入境或移民美国的资格条件。这个资格名单包括外籍未婚妻或未婚夫（"K" non-immigration）、国际总裁（"L" non-immigrant）、专业人士（"H-1" non-immigrants）以及访问或学术交流人士（"J" non-immigrant）。拥有这些身份的人士可在美国停留两年；两年之后，他们可尝试调整身份成为美国公民。1972年，美国国会再次降低美国公民和外国人婚生的子女必须在美国国内居留的时间，以便利美国人在全球各地的活动。

3. 美国是一个亚洲国家[①]

第二次世界大战的经历、冷战的对峙以及冷战解体后的新形势，都明显地改变了美国政府在移民政策上对亚裔移民的态度。不论是在入境资格、移民配额还是在美国的通婚受教权，新移民社群的公民权利都获得了之前所欠缺的法律保障。事实上，亚裔移民的待遇并不仅仅受惠于美国的民权法案，也不仅仅因为母国与美国的经济和军事同盟关系而获得改善。在以联合国为首的国际组织的倡导之下，人权论述日益兴起，这也导致美国展开了一连串废除不平等和种族歧视的举动。这些因素不但提升了亚裔族群在美国社会中的地位，也反映了美国正尝试成为一个亚洲国家，并对西太平洋的国家进行敦亲睦邻的政策取向。

在第二次世界大战后，美国一方面看见种族歧视与屠杀的悲剧，另一方面急于修复与移民之间在战前的紧张关系，于是开始了一系列民权法案的修正增补工作。在这些法案的影响下，新移民得到比较多的在法律上免于歧视的保护。在公民权利部分，先有最高法院在1967年宣布

[①] 这一部分的法律记录和华裔美人的战后经验，来自 Judy Yung, Gordon H. Chang, and Him Mark Lai 主编的《华裔美人的声音：从淘金潮时期到现在》，柏克莱：加州大学印行，2006年，第225—232页。

过河卒子：美国全球战略布局下的华人移民

禁止跨族通婚违宪；1971年，最高法院又宣布所有公立学校隔离华人学生的措施必须废除；1974年，最高法院允许移民孩童因为英语能力不足而接受双语教育。美国民权法案逐步取消了亚裔移民在美国社会里曾遭受的隔离待遇，废除了过去一百多年来的法律歧视，帮助移民取得美国民主政体运作的会员资格。

至于移民在美国的工作权益也开始被提倡。一些直接或间接承认双重国籍的国家，会指派其政府官员到美国替他们的海外公民争取在美国工作的权益。许多外国使节则通过与美国国务院的沟通，或是派人到美国国会游说，企图以母国的行政资源来协助在美国的新移民社群融入美国的劳动市场；他们进一步推动了新移民母国和美国之间的经济战略合作计划，以强化新移民在美国国家发展计划中的重要性。对美国本土人士来说，美国法律对多重国籍所展现的宽容，提供了新的沟通管道。他们发现，新移民的跨国社会网络是一个可资利用的资源，对美国企业在新移民母国的拓展可以产生相当大的助益。美国国会同时欢迎新移民母国政府在美国国会进行游说，一方面这可帮助新移民快速融入美国民主体制，另一方面这也有助于美国国会议员了解美国政府、企业和人民在世界各国的活动。

除了减少在法律上的歧视和承认双重国籍之外，美国政府也企图消除之前与亚裔移民社群之间的对立关系，特别是美国政府与日本和韩国移民的关系。为了修补与日裔移民社群的关系，美国在1948年立法补偿战时被送到集中营的日裔美人，特别是其财务上的损失；紧接着1951年的《美日旧金山条约》确保了日裔美人在美国的基本民权和人权；1952年的法案则废除了禁止日裔移民购买房地产的法案；1982年，战时平民迁置与集中营的立法（Wartime Relocation and Internment of Civilians Legislation）得到修正，另外还订立了1988年《民权自由法案》（Civil Rights Freedom Legislation）。这些条约和法案都表达出美国政府意欲修补与日裔移民的关系，可以说是补偿日裔美人在战时所受伤害的

第三章 美国的移民政策与其在全球开展的远端控制

具体行动。

至于对韩裔移民的政策则反映了一个完全不同的情况。第二次世界大战后,朝鲜半岛分为两个自主国家:朝鲜(DPRK)变成共产主义国家,得到苏联的支持;而韩国则得到美国的支持。1950年,朝鲜战争爆发,美国派军支援韩国,中国人民志愿军则进入朝鲜协助战事。朝鲜和韩国在1953年签订和平条约,维持战争时期的和平对峙形势。该条约签订之后,美国对韩国提供驻军、经济和技术转移等援助;韩国的国防、制造和科技产业等战后重建工作,几乎完全纳入美国在冷战时期的亚洲布局之中。[①] 美国的移民政策也因此针对美韩的合作,做出相应的调整。在朝鲜与韩国和平对峙时期大批韩人移入美国,其中大约有14000名韩人是嫁给美国公民或是被美国公民收养的。[②] 这一波新移民经过自然成长,韩裔移民到了70年代成为仅次于菲律宾人和华人的最大的亚裔移民团体。

在新的社会与政治环境里,亚裔移民也十分积极地融入美国的政治经济体系,接连投入选举,并且屡有斩获。1959年,夏威夷终于成为美国第50个州,并举行了第一次选举;其中选出了日裔众议员和华裔参议员。1964年,第一个亚洲女性进入美国国会。在这之后,亚裔参政风气和入阁人数逐年增加。更多的讨论将在后面的章节中细述。

70年代的中南半岛危机为亚裔社群带来了新成员。1975年,美国国会通过中南半岛移民和难民救济法,允许越南、柬埔寨和泰国难民在西贡陷落后进入美国,以弥补美国军事失利所留下的残局。1987年的南亚难民法,增补了对泰国移民的安置,其中包括美国公民在越战期间在泰国所生的小孩。这些因为美国的海外活动而引入美国的中南半岛移民,丰富了美国亚裔社群的文化多样性。美国与这些新移民母国的关系

[①] 1952—1965年,韩国大量依赖美国的援助,帮助其战后重建工作。到了1973年,韩裔美人成为第三大亚裔族群,仅次于菲律宾人和中国人。

[②] Kim, 1994.

不但得以延续，而且美国的政体从此展现出更开放多元的精神。1979年，美国总统卡特宣布，5月4日之后的一个礼拜为庆祝亚裔移民周；不久，庆祝活动的时间从一个礼拜延长为一个月，最后干脆将5月订为亚裔传统月。每年到了此时，美国政府都会带头举行一系列的庆祝活动，强调美国和亚洲之间长久而密切的关系。

另外，战后许多法案也特别奖励表扬亚裔美人在第二次世界大战中对美国的贡献。① 这些贡献包括入伍的亚裔美人在亚洲和欧洲战场上英勇付出，以及在战时提供母国社会网络来协助美军作战的忠诚表现。

另外一个提升亚裔移民地位的力量则来自战后兴起的人权论述。面对大量流离失所的战争难民，国际组织在立法时把保护基本人权作为处理难民问题的重要准则。1948年的《联合国人权宣言》明白宣示："所有人生而自由，享有平等的尊严和权利，这个平等的原则独立于种族、肤色、国籍和族群。"在这个人权宣言之后，许多国际组织开始将人权视为其计划的关注焦点之一，但具体行动并未立即展开。

到了1965年，联合国终于宣布废除所有具有种族歧视意味的国际条约，并签署《保护民权和人民参政权的国际条约》《保护经济、社会和文化权利的国际条约》、"国际劳工组织签订的劳工保护条约"以及《美洲的人权保护条约》。按照这些条约的精神，新移民的工作权益也应同时受到保护。② 新移民工作者的法律身份、进入国界和居住地的自由和工作的选择权等都受到了保障。此外，新移民也应享有雇佣契约的

---

① Akaka Legislation to Review for Asian Pacific American Congressional Medals of Honor (Senate Bill 1026), August 3, 1995; Senator Daniel Inouye, Speech on Filipino World War II Veterans, May 13, 1998; Senator Daniel Inouye Introduces General Eric Shinseki, June 9, 1999; Hmong Veterans Naturalization Act, May 26, 2000.

② 像美国和联合国难民办事处的难民和移民工作权的相关规定，参见 U. S. Immigration Policy and the National Interest, The Final Report and Recommendations of the Select Commission on Immigration and Refugee Policy with Supplemental Views by the Commissioners, March 1, 1981, Section I. International Issues, pp. 19-34. The report was submitted to Congress and the President of the U. S. Pursuant to Public Law 95-412.

第三章 美国的移民政策与其在全球开展的远端控制

保障、工作环境安全的承诺、职业训练的机会、与工会和集体协商的权利、社会安全福利的照顾、家庭团聚的权利和小孩的受教育权等。这些由保护人权扩及保护新移民权利的论述,在社会上得到不同程度的关注;在执行层面上,各国行政机关所采取的方式也不尽相同。随着时间的迁移,保护移民者身份和工作权的人权论述日益增多。许多个别移民团体原本因移入国的政治考量而受到差异对待,这些也终于渐渐消弭。在公民身份的讨论中,一般公民与新移民之间的身份差异也显得越来越不重要。

1978年的《关于种族和种族偏见的教科文组织宣言》则又是一个新的里程碑;新移民的文化权开始受到保护。新移民有权保持与当地住民在文化上的差异,个人的文化价值应受尊重,并有权学习自己的母语。1990年,联合国通过"保护所有移徙工人和其家庭的权利",企图对外国人的法律身份及其权利建立一个普世标准;这个公约保护的对象包括女人、不具合法身份的外国人及其家庭以及季节性工作者和前线工作者。联合国认为,在这些类别下的新移民,都应享有合法的基本权利;国际劳工组织和欧洲议会也同时呼吁,国家应为不具合法身份的外国人提供各种基本人权的保护。

在这些论述之下,美国最高法院在1982年的判决中表示,即使不具合法身份的外国人,美国宪法仍会提供一些基本权利的保护。大法官在当年的判例中特别提到:即使外国人在美国领土上不具有合法身份,他的基本权利仍受到第五条和第十四条宪法修正案的保护。[1] 根据这两条修正案,在美国具有公民身份和不具有公民身份的人,都可以呼叫消防员灭火,在民事法庭上提出诉讼;即使新移民在美国是非法居留,[2]

---

[1] Carlos R. Soltero:《墨西哥人和美国法律:最高法院的重要判决》,奥斯汀:德州大学印行,2006年,第121页。
[2] Silverberg, 1946.

美国的劳工法仍应保障其基本薪资和过时工作的补偿。① 公民和合法居留的非公民在美国享有工会代表和集体协商权；在这一点上，非法居留的劳工只能得到法律有限的保护。通过《联合国人权宣言》和美国国内法案对此一精神的落实，人权论述逐步扩及公民权利的论述。但是，若要在日常生活中实现人权，则须美国法院在判决时援引国际人权条约作为依据；现在虽已有一些美国国内法院引用国际人权条约作为判决依据，但毕竟是少数。正如之前我所提及的美国在提升亚裔移民地位权利方面的努力，现实中大部分的人权论述仍然必须与美国外交政策相契合，例如修复与亚洲国家之间的关系。换句话说，人权论述的实际效应，仍然依赖当时主流民意对美国国家利益的界定。只有在此条件之下，新移民才有机会成为实质上的美国公民。

四 结 语

综观美国在过去两百多年间的变化，它先从一个英国的殖民地独立成美利坚合众国，从北美洲大陆东岸逐步扩张到西岸，再从北美扩张到南美，最后又从西半球扩张到亚洲太平洋地区，这中间经历了多次重大的战争；每一次战争的胜利，都为美国带来了新的领土，也为美国的主权诠释带来了新的挑战。美国的种族与移民政策，也在这个历程中不断改变以回应这些挑战。

20世纪初的美国在订立新领土及其地区人民与美国本土之间的关系时，种族、语言、文化的差异是主要的依据。欧洲殖民人口较多和以英语为主要官方语言的区域，并入美国联邦体制，其领土上的人民成为美国公民，例如夏威夷。若此领土临近美国本土，但其住民的种族、肤色和语言与欧洲移民相异，则此领土就由美军负责管辖，并采用地方自

---

① 1938年"公平劳工标准法"，美国劳工部报告。

第三章　美国的移民政策与其在全球开展的远端控制

治形式来治理。例如，这些领土的住民可自由进出美国，其代表可参与美国国会部分的运作，但是不具有美国公民资格，不可参加美国联邦选举，无法完全享有美国公民的权利，也不受美国宪法的保护，如波多黎各和早期的古巴；若是该领土远离美国本土，其住民的种族、语言和文化也与欧洲移民大异，那么美军的管辖权会扩大，驻军的行政长官会成为当地最高的领导阶层，负责与部族之间的协调和沟通，并担任最高决策者的角色；这类领土的代表是关岛，它被视为与美国本土政治体制差异过大，所以美国政府并没有意愿使其成为美利坚合众国的一部分，不做任何从管辖到合并的过渡准备，反而采取了永久非直接统治的方式，只以驻军和港口控制来宣示美国在此的主权存在。不过，菲律宾作为一个殖民地，却与关岛的境遇不太相同。因为领土较大，人口较多，并且使用英语，菲律宾可为美国本土提供大量的廉价劳动力，因此在管辖时期，菲律宾住民可自由进出美国，不受美国移民法案的限制。可是，在美国国内劳工的抗议之下，以及当地要求独立的呼声不断，美国政府遂扶持菲律宾成为一个独立国家；独立之后，菲律宾人就不能再自由进出美国，并受到亚洲移民法案的限制，只有少量的契约劳工可以进入美国。

可是，实际上在美国影响范围下的领土，也包含了许多美国并无管辖权的地方，例如日本、韩国和中国。因为美国极欲取得在这些国家海域航行与内陆通商的权力，所以采取了开放市场和平衡各国势力等操作手法，并且随当时情势所需，弹性地调整输入各国劳工和移民的政策。轮番进入美国的华劳、日劳、韩劳和菲劳，都是在不同时期提供美国劳动力市场所需的结果；他们也在不同时期被强迫退场，以反映美国劳动力市场的反弹情况或需求改变情况。移民政策也在同样的思维下随着各国情况的改变而变化，移民配额也因应美国国家安全、市场经济和海外活动的需要，不断地进行适时的调整。

第二次世界大战后，面对影响范围扩及全球的现实，过去单靠种族、语言和文化作为依据的管辖权思维已无法应付更复杂的局势。此时，一个以专业技能为基础的移民政策逐渐成形，取代了旧的作法。来自全球各地并具有专业技能的新移民，被视为战后美国维持全球影响力的重要资源；这群经拣选的精英，具有美国所渴望的专业技能和社会背景，他们可以将美国商品服务深入全球的每一个角落；美国还借助这些新移民与母国的关系，在全球建立了1000多个军事基地，并维持美国商品服务的优先入关、入港、通行和关税减免，甚至还取得了战时优先使用当地基础设施的最优惠待遇。

伴随着美国在全球活动的扩张，美军在海外的活动也延伸到全球最偏远的角落；这些区域性的冲突不免产生了许多难民，而美国也只好在战后将流离失所的友邦人民接到美国。虽然在这段时期里没有发生大规模的战争，但是各地的零星冲突不断。这些难民也使得移民的来源越来越多样。这个结果增加了难民法案、战争新娘、战争孤儿、退役军人等身份在移民法案立法内容中的重要性；这些身份成为专业人士之外的另一个主要的移民类别。

现在的美国对全球各地采用同一的移民配额；不过，因为各国申请移民人数的不同，每年核准的人数时有更迭。无论如何，对想要移民美国的亚洲人士来说，现在的管道比以前多样，也享有比以前更平等的待遇。现在的亚裔是美国移民人口成长最快的社群，总人数已达1600多万。从过去的经验中我们可以想见，这些亚裔人口的流入和成长会使美国与亚洲的关系更加密切；美国在亚洲的活动会更加密集，其开放与平衡的弹性策略也会更加细腻。我们可以预测，在美国是一个亚洲国家的同时，其新移民社群一定会面临着承担更多新责任的机会。

第四章　跨越太平洋的华人移民

从1882年禁止华人移民到1943年开放华人归化成美籍公民，这中间长达60多年的时间，华人无法入美境归化成为美国公民，在美国出生的华人也被当时的移民法案所否认，因而无法取得公民身份，只能做美国本土永远的二等公民。即使在这样严苛的情况下，华人仍然从美国东岸到西岸，以没有公民身份的姿态，在美国领土上建立了一个又一个中国城。

面对这一历史上的社会事实，本章企图了解在承受法律歧视与缺乏公权力保护的情况下，华人社群是如何延续社群生命并在美国逐步扩张的？他们如何生存繁衍，生长不息？延续之前的分析，我将这个问题放在美国与中国关系的架构里讨论，并以中国城发展至今150多年的历史为分析轴线，[①] 将这段历史区分为两个主要时期。第一个时期，约从19世纪中期开始，此时华人初到美国，而美国则企图打开中国通商口岸；等到第二次世界大战时中美并肩作战，以及战后移民法案进行改革，这个时期也就结束了。此时的移民主要是以华工的身份进入美国的，先集中在港口和工厂附近，后来沿着周边的大城市，从西岸分布到东岸。因他们受到美国法律的限制，这些华人聚落的建立采取了（稍后再述细

---

① 现今有数种计算中国城历史的方法，本章选择从18世纪开始，将其作为本书分析的起始。陈述的历史以移民社群组织的出版物、学者研究和在田野工作时所收集的资料为基础。

节）自治自理的形式。冷战为第二时期划下了开端，从美国围堵中华人民共和国，到后来美国政府与中华人民共和国建立正式外交关系，并进而到美中关系正常化。在此期间，新移民社群发生了极大的变化，来自中国大陆的新移民开始大量涌入中国城，并在郊区成立卫星社群；中华人民共和国在改革开放之后，中国的资本家和专业人士更是不断地流入美国。相较于以往以跨国劳动市场为主的华人网络，这一时期的华人网络以跨国资本为主，打破了中国城原本的政治边界，同时对移民社群内部带来了阶级冲突的挑战。

在本章的讨论里，我将分析每个时期中社会现实的形成和转变。首先是美中商业关系以及美中之间条约的缔结和美国国内移民法案立法的内容。其次是社群内部的自治组织，特别是资源动员的方式和分配的系统；这个分析可将地方特色带进新移民公民身份的讨论之中。再次是跨国社会网络，观察跨国资本在北美、欧洲和东南亚华人之间所进行的松散与非正式流动。① 最后是新移民如何重新定义美国公民身份的内容，以及美国政府企图对新移民②再国家化公民身份的努力。这是讨论的重点。

本章的资料来源以纽约、芝加哥、洛杉矶和旧金山的华人社群为主。我从2002年开始即拜访了芝加哥、波士顿、费城、旧金山和纽约等地的中国城；在拜访期间，我广泛收集了移民社群的出版物、移民组织的会员通讯录，并向移民社群的领导人请教了中国城过去的历史和现在的发展。在纽约和芝加哥的中国城田野中，移民组织帮助我收集了许多资料，包括"一个世纪的芝加哥中国城"（芝加哥中华公所）、"中国

---

① Ong, 1997, 1999; Chan, 2006; Duara, 2009.
② 华裔美人的组织统计，1/4的亚裔美人是华人（24.3%），这个数字使得华人成为亚裔中最大的族群。另外，70%的华裔美人出生在国外（70.6%），85%的华裔美人来自大中华地区，其比例为：中国大陆（59.5%）、中国台湾（15.9%）、中国香港（9.4%）。这其中58.8%的华裔移民申请归化成为美国人，在亚裔归化的比重中占第3名。整篇报告请参考：A Snapshot of A Portrait of Chinese Americans, Key Findings, November 2008: 3.

第四章 跨越太平洋的华人移民

城历史107周年纪念和120周年纪念"(纽约中华公所)、"华裔美人投票协会1983—2005""布鲁克林美华协会,15周年纪念册"等。除此之外,我还收集了各类移民组织的出版品、学者研究、政府统计数字和地方报纸剪报等。

一 第一阶段：无法成为美国公民的华人移民社群

(一) 美中经贸接触和第一波大规模移民潮

1784年,中国"皇后号"(Empress of China)的航行开启了美国和中国之间的海洋贸易,① 从此之后,往来太平洋两岸的商船络绎不绝,增加通商口岸的呼声也越来越大。通航背后的活动还包括两岸港口关税的咨商、货币流通形式的协调、交换汇率的制定,以及商品服务专卖权的给予等,这些活动形成了美中之间人员、货物和服务的制度性流动。② 赞助这趟航行的费城商人Robert Morris,在1785年从纽约到达广州;他后来还成为美国驻中国的第一任大使,而他的任务则是将太平洋海域的民间经贸活动纳入美国政府体制的规约之中。

到了19世纪初期,已有超过100艘的美国商船航行于广东、印

---

① 一般记录在殖民和去殖民过程中,海外华人和现代中国的形成的关系,请参考：Zhou Min, *Contemporary Chinese America*: *Immigration*, *Transformation*(Philadelphia: Temple University Press, 2009), pp. 23-42.

② The University of Bristol 历史研究部门记录了华人海上贸易的关税资料,请参考网站www.bris.ac.uk/history/customs。另一个资料来源记录了一个以亚洲为活动范围向中国朝贡的系统,内容包括中国的商业结构和邻近国家的贸易港交通网络,请参考：Takeshi Hamashita, 1994, The Tribute Trade System and Modern Asia (《朝贡贸易制度和现代亚洲》),这篇论文收录在 *Japanese Industrialization and the Asian Economy*(《日本工业化和亚洲经济》)中,编者是 A. Latham and H. Kawasatsu, 由伦敦 Routledge 出版社出版；还有 2003 年 Takeshi Hamashita 的 Tribute and Treaties: Maritime Asia and Treaty Port Networks in the Era of Negotiation, 1800-1900 (《朝贡制度和国际条约：海洋亚洲和贸易港网络的协商,1800—1900》),收录在 *The Resurgence of East Asia*: 500, 150, 50 *Year Perspectives*(《东亚的兴起：500,150,50 年的观点》)中,编者是 Giovanni Arrighi, 由 Takeshi Hamashita and Mark Selden. London: Routledge 出版。

度洋和太平洋的贸易港口之间；这时，美国与中国的贸易量仅次于英国。当时的广州是唯一官方准许的对外贸易港口，这个特许地位直到1842年清廷战败后才结束。在广州，外国商船只能与广东商会进行交易，交易的过程受到清政府的诸多管辖；外国商人因无法取得各地的专卖权，获利大受影响。为了争取更多的利益，美国商人开始沿着印度洋航行，延伸美国和广东之间买卖货物的航线；随着美国商业和军事力量的日益壮大，美国商人在越来越多的亚洲国家的贸易港取得贸易权。

1839年，第一次鸦片战争爆发；之后中英签订《南京条约》(Treaty of Nanking)，开放英国商人在广州、厦门、福州、宁波和上海等港口进行贸易活动，同时割让香港给英国，赔偿英国在战争中的损失。为了和列强平等竞争在中国市场的机会，美国赶紧和中国签订《商务友好条约》(Treaty of Amity and Commerce)，并在1844年正式展开美中之间的外交关系。条约签订之后，美国商人的活动范围开始扩及广东以外的其他省份。清廷在第二次鸦片战争失败后，在1858年签下《天津条约》(Treaties of Tientsin)，增开了11个港口让外国商人进行交易。在接下来的50年里，西方列强竞相在中国市场竞争贸易机会。为了避免任何一个列强独占中国市场，美国国务卿John Hay在1899年提出他的开放中国政策（Open Door Policy）。他呼吁各国维护在中国市场平等竞争的环境，维持中国市场持续开放的状态,[1] 不让任何一国垄断市场或是阻挡其他国家平等竞争的机会。

当时中国的丝、茶、毛皮和人参等商品在美国市场受到欢迎；许多在中国受雇于美国商人的华人因此有机会来美国讨论生意;[2] 美国也将

---

[1] Dudden, 1992.

[2] Eldon Griffin, *Clippers and Consuls: American Consular and Commercial Relations with East Asia, 1845-1869*（《大帆船和领事：美国与东亚的领事和商业关系，1845—1869》），Ann Arbor: Edwards Brothers, 1938.

许多商品服务出口到中国，像是鸦片、棉花、棉纺纱等。美中之间在1868年签订《博林盖姆条约》（Burlingame Treaty），进一步开放美国商品和服务在中国市场的流通；这个条约也保障在中国居住、传教、旅游、受教育和通商的美国人民，同时美国承诺给予在美国住居工作的华人同样的待遇，并允许中国领事和劳工进入美国。[①] 但不久之后，这个条约的精神和内容受到美国保护主义的侵犯；美国只求单方面保障在中国的美国人民，却积极限制从中国来到美国的移民。

因为跨国商业网络的需要，活跃于美中贸易活动的中国商人是少数可进出美国的例外，在禁止华工移入时期，他们反而成为移民社群的领导者。这群游走于美中之间的商人在华人聚落区建立各式各样的组织；他们在美国政府不承认华人为美国公民的情况下，成为华人公权力的行使者，以华人管理华人的方式，控制着中国劳工在美国市场上的运作。

（二）美中贸易和双方政府的角色

在这个时期的初期，美国看上了中国的廉价劳动力，所以欢迎华工进入美国。这时的华工多集中在劳动力密集的食品加工业和与农业相关的产业；此外，还有许多人受雇于铁路公司，协助美国政府开发西部。但是美国当地劳工却认为廉价华工拉低了工资，还愿意屈就脏乱危险的工作环境，因此降低了本地劳工与资方协调薪资和改善工作环境的筹码。于是他们开始游说国会，企图限制中国劳工进入美国。

当时，中国采取的是闭关自守政策，并限制人民自由移出；不过因为生活困苦，许多华人还是选择出走海外以谋求生路。换句话说，美中两国的法律同时限制劳动力的移入移出，但是往返于美中之间的人民却仍是有增无减。这个时期来到美国的华工是无法申请美国公民

---

① 档案文件可参考 Philip A. Kuhn, 1993, Introduction to Ching documents/compiled by Philip A. Kuhn and John K. Fairbank with the assistance of Beatrice S. Bartlett and Chiang Yung-Chen. Cambridge: Harvard University, The Harvard Yenching Institute.

身份的，因此面临着永远都无法取得美国公民身份的法律现实。在这种情况下，不合法的身份对华人移民的日常生活构成一个巨大的挑战；他们无法享有美国法律的保障，当他们的人身安全受到威胁时，美国的公权力很难介入。他们于是在美国领土上形成因美国法律无法介入而一切事务自理的自治社群。这造成部分中国商人占据了因缺乏美国公权力所产生的地位。这群商人在美国领土上用姓氏和家族的组织方式来管理华人移民社群，控制华工行动，并占有美中贸易过程中所产生的财富；他们成为美国限制华工入境与开放美中贸易政策下最大的受益者。①

另外，基于清朝的国籍法，中国政府也认为，中国公民即使移居到了美国之后仍然是中国公民，所以他们应受到中国政府的管辖。中国政府于是与中国商人合作，分享美国华人移民社群的领导角色。清朝的国籍法属于属人主义，意即中国公民身份的继承由父亲的血统决定；父亲是中国公民，那么他的小孩不论出生在何处，就是中国公民。对于中国公民所组成的社群，中国政府就有权力和义务参与其事务。② 中国政府于是开始在华人社群里兴建办公室，设立学校，并参与社区事务的决策。以纽约为例，1883 年，清朝政府在中国城建立了纽约领事馆；③ 来到纽约的清朝官员会定期造访中国城，捐钱办学校，并依照清廷的法律对华人学校提出课程建议。同年，中华会馆成立，成为当时纽约中国城最大的商会兼社区组织；在接下来的很长一

---

① 相关的研究可参考：Madeline Hsu, 2000, *Dreaming of Gold, Dream of Home: Transnationalism and Migration between the United States and South China, 1882-1943* (《淘金梦和回家梦：美国和南中国的跨国主义和移民，1882—1943》), Stanford: Stanford University Press.
② 清朝在 1909 年通过国籍法，确认海外华人认同的法律面。法律陈述，根据属人主义的原则，中国公民被定义为不管出生在何处，父亲或母亲是中国人，小孩就是中国人。在这个定义下，旅居海外的大批华人都是中国公民。请参考 Lynn Pan 编著的《海外华人百科全书》，剑桥：哈佛大学印行，1999 年。
③ 中华公所：《特别刊物》，1995 年，第 2 页。

段时间里,中国领事馆和中华会馆共享办公室,[①] 一起管理华人移民的事务。中国国籍法的改变是在1949年之后。因为东南亚地区质疑中国政府是否借管理当地移民之由而过度干涉东南亚事务,并因此衍生出大规模的排华运动,所以中华人民共和国在1955年修正其国籍法,改采单一国籍制。中国政府鼓励海外华人争取移入国的公民身份,[②] 成为移入国的公民,因为这可以减少跨国网络(侨外资)在中国的活动。

一直到改革开放之后,中国才再度放宽侨外资在中国的活动;中国政府参与海外移民事务的态度也比较积极,在移民社群的大小节日里都可以看到中国官员的踪迹。除了深入社区事务外,中国政府还在华人社群里扮演招商引资的角色,同时还游说美国国会以提升华人在美国的地位;有时甚至肩负起解决社区银行财政危机的角色,台湾方面就曾数次透过华人银行来解决移民社群组织的财务危机,[③] 或将政府资金捐助海外华人社群的活动。

(三)商会和社区组织的跨国影响力

第一波大规模的移民潮促成了第一个在美国的中国城的建立,也就是现今的旧金山中国城。在连接西部的铁路完成后,许多移民开始向东岸迁移;在芝加哥、纽约、波士顿、费城和其他移民聚集的城市,他们渐渐形成移民社群,拓展华人社区的活动范围。因为无法取得美国公民身份,华人活动范围受到法律的限制,这些移民社群只能靠宗族、姓氏组织和中国政府保护自己。他们衍生出一套华人管理华人事务的办法,以宗族和姓氏组织为主要机制,将居住在城里的华工组织成工作单位,借此集体生产商品再贩售到美国市场。他们同时积极办学校,一方面传授中国语文与历史以维持华人的文化传统,另一方面传授现代科学知

---

① 中华公所:《介绍东岸最大型的华裔美人社群组织》,第3页。
② Fitzgerald,1972.
③ 中华公所:《120周年纪念》,2004年,第55、59页。

识，使华人能转变成资本市场所需的现代工人。

在纽约，同时是商会和社区组织的中华会馆在1890年向纽约政府注册，所使用的英文名字是"the Chinese Charitable and Benevolent Association of the City of New York"；从此中华会馆成为负责纽约中国城华人事务和商会活动的正式组织。中华民国在1912年成立后，纽约中华会馆也向中国政府登记成为民间组织，对侨外资引入当时的中国做出了重大的贡献。

100年前的纽约中华会馆在当时的移民社群里权势相当庞大；纽约中国城的居民甚至称中华会馆的董事长为中国城的市长。会馆是由60个会员组织共同组建而成的，其领导阶层则在两个指定的会员组织之间轮替，任期为两年。在中华会馆管理下的中国城内，所有从事商业活动的团体都必须向会馆注册登记，列于组织名册中；每一笔交易都需上报，详列商品内容、买卖过程和营业所得，并缴纳一定比例的获利给会馆。在中国城内，店铺或任何生意转手他人，均须向会馆报备并寻求许可；未经报备或未得到许可者，会馆有权勒令停业或不许其在中国城内继续营业。① 会馆不但管理纽约的华人社群，还与中国政府合作，管制中国城里交易的茶、毛皮、丝绸和瓷器的营业许可，甚至商业活动的银行信用额度也由其分配。一些中国城内的小型生意单位，例如，洗衣店、餐馆和成衣业，也都受到会馆领导人非正式但具有强制执行力的管制。

除了管理之外，会馆本身也会进行商业金融活动。设立了一个共同基金，将部分社区缴纳的钱存入特定的银行；至于会馆本身经商所得的获利，则分散存入不同的银行。② 从这些银行账户存款所得的获利是属于会馆及其会员组织所共有的。另外一笔经常性的收入则是出

---

① 中华公所宪章。
② 中华公所关于社区事务的规定，1932年。

第四章 跨越太平洋的华人移民

入纽约港和中国沿岸贸易港的活动费用。这些逐渐累积的社区基金部分用来翻修中国城内的建筑，或是投资新的建设案；这些投资在一定程度上可帮助中国城内经济的繁荣，并且可维持城内居住民的生活品质。

对当时没有美国公民身份的华工而言，会馆的社区基金就等于是他们的社会福利基金。据会馆记载，会馆的工作单位会提供托儿、教育、工作机会、医疗和娱乐等服务。中国城内的居民，从出生到死亡，会馆都会协助安排规划；孤儿、寡妇和老人也会受到会馆的照顾。[①] 贫困的华工从中国贸易港出发，到纽约港，到城内工作生活的安排，到最后的年老死亡，会馆提供了一整套美国政府都无法提供的生活保障。在这些照顾之下，华工才能将部分收入存下来汇回中国，这也间接地照顾了远在中国的家人。

相较之下，不属于会馆会员组织的华工不但很难在城内找到工作，甚至会受到排挤。在城里的会员组织包括了宗族、姓氏、政治、职业、商会、宗教和妇女等各式各样的组织，活动的范围则深入社群生活的每一个面向。这些组织分工负责城内的社会秩序，也控制着社区里的经济活动。除此之外，这些社群组织会与其他美国大城市里的社群组织缔结姐妹关系，或在其他城市建立分部，形成讯息和资源分享的网络（中国贸易港—纽约—芝加哥—旧金山）。对一些欠债逃跑或是违反会员组织规章的华工，不论他在中国还是在美国，只要是在有华人的地方，他都很难摆脱移民社群组织的网络。在累积了一定的财富之后，有些会员组织会持续购买美国土地，逐步拥有中国城附近土地的所有权，对城内城外所有活动的影响力也因此得到巩固。

[①] 中国城内的教育机构包括中文学校、中国城托儿所、成人英语授课中心、新移民教学和学习中心等。其他社会福利服务，像帮助孤儿、寡妇和贫苦无依的老人都明定于移民组织的规章里。

在会馆的 60 个会员组织中,[①] 有 7 个最有权势的组织,纽约中国商会是其中之一。纽约中国商会创立于 1904 年,起初登记的名称是纽约商业局。商会于 1907 年向清朝政府登记为中国商会,在 1932 年则向纽约市政府登记为纽约中国商会。纽约中国商会可说是美中跨国商业活动一个重要的沟通管道,[②] 因为它会不定期地与纽约市政府合作,并提供协助繁荣纽约市政和中国城的发展计划。事实上,纽约中国商会的会员并不限于中国商人;有兴趣与华人社群建立生意关系的商人都可成为纽约中国商会会员。每年,纽约中国商会会派代表参加世界中国商会年会,交换最新商业资讯和了解其他国家的政治风向。平时,商会也会捐钱翻译中国城内的英文街道、地铁站和电话亭,还会游说美国政府扩大移民配额。商会也提供贷款给中国城内的中小型企业,并投资于中国城内外多起房屋建设案;商会所投资的孔子大厦建设案就为许多的居民提供了一个不一样的住居选择。

基本上,早期中国城资金的流通范围不大,主要是来自于城内每天生意的交易买卖,以及移民组织和城内居民在美国金融机构的存款(Lin,1998)。美国银行偶尔会为社区居民提供存款和小额借款服务,

---

[①] 我在收集美国大城市中国城的社会历史时,取得了一份 61 个会员组织的通讯录,这些组织举办了许多重要的社区活动。这些组织不仅负责社区资源的分配,也领导政治和经济动员活动,争取移民公民权利和社区建设计划。这 61 个组织包括:纽约中华公所、美东联成公所、台山宁阳会馆、安良工商总会、协胜公会、中华总商会、洪门致公堂、国民党美东支部、国民党纽约分布、崇正会、龙冈亲义公所、中山同乡会、东安公所、鹤山公所、航空建设协会、至孝笃亲公所、伍胥山公所、李氏总分所、黄氏宗亲会、至德三德公所、梅氏公所、新会同乡会、南顺同乡会、余风采堂、大鹏同乡会、华人洗衣业协会、衣同总会、昭伦公所、溯源公所、三益总公所、梁忠孝宗亲会、番禺同乡会、海晏同乡会、师公工商总会、惠州工商会、华侨餐馆会、联义社、退伍军人会、华侨妇女会、开平同乡会、中国音乐剧社、大陆总商会、海南同乡会、南阳公所、福建同乡会、华人长老教会、大鹏育英社、民智据社、华人海员工会、金兰公所、三江公所、华北同乡会、曾氏公所、恩平同乡会、朱沛国堂、凤伦公所、阮氏公所、华众会、自由大众励进社、林西河堂、广海同乡会。其中一些组织在美国各大城市都有分会,或与其他组织缔结姐妹关系,平时交换消息,赞助彼此的社区活动,与家乡和其他国家的海外华人形成一个广大的华人网络。

[②] 中华公所:《特别刊物》,1995 年,第 37—38 页。

不过，一般而言，中国城内的居民通常很难向银行借到钱，反而是移民组织或是商会组织会为他们提供借款服务。居民与美国银行的关系仅限于银行存款，兑换支票，以及每日生活所需提领的现金。但到了战后，华人所投资的银行开始与美国银行竞争华人社群的生意；第一家在纽约中国城成立的华人银行来自台湾，它提供了国际贸易和汇兑等相关的服务，为新移民提供了另一个资金流通的管道。

（四）华人社群的跨国政治活动

移民社群的跨国政治活动是近年来讨论的重心，[1] 华人社群自然也不例外。孙中山先生在美国时每隔一段时间就会拜访中国城，与城内居民寒暄与募款，以争取当地政界和民间的支持。孙先生在中国城停留的时间里正进行着推翻清朝政府的革命计划，并开始撰写中华民国宪法。当时许多中国城内的居民决定支持孙中山先生的三民主义思想，并支持成立中华民国。不过，正如现在一样，任何时间点上总是有不同的政治势力在竞争中国城的政治和经济资源；当时各地的中国城里，有支持清朝官员的势力，有支持改革新政的势力，也有支持孙中山先生的势力。我在芝加哥中国城内的国父博物馆曾看到一份《芝加哥论坛报》的剪报，文中报导，一位清朝通缉犯孙中山（Ching fugitive Sun yat-san）正在芝加哥进行访问，报导旁还放上一张通缉的图像。因为孙先生是美国人，清廷不方便动手在美国抓人，只能在中国城内贴通缉图像，希望城内的清廷支持者出面解决。不过，当时中国最大的贸易港广州由广东人把持，会馆的领导阶层也多是广东人，所以整条美中之间的贸易通道受到广东社会关系网络很深的影响。为了表达对广东同乡孙中山先生的支持，中国城内的商会和居民共募集了700万美金，购买了军火和战备物资，这些军火通过美中贸易航道，

---

[1] Jones-Correa, 1998; Glick-Schiller et al., 2001; DeSipio, 2001; Brubaker, 2004; Duara, 2009.

运进中国港口。这些美国华人以行动支持革命，并因此赢得"华侨是革命之母"的称号。①

20世纪初期，中华民国成立之后，中国城内的居民大多热烈响应；对当时备受美国法律歧视的华人来说，新中国是他们改变命运的希望。城内的居民会挂上国旗，将孙先生的照片挂在社区活动中心最明显的位置，并写信给中华民国总统，对新中国的事务提出从海外看中国的建言。② 建国初期，第一任财政部长就是选用来自南方并与华侨有密切关系的商人担任的；财政政策上也十分奖励海外贸易活动，因此受到移民社群的欢迎。有了这层关系，之后在讨伐军阀和对日战争时，民国政府在海外募款都相当顺利。③ 遇到中国发生自然灾害时，中国城内的居民也会捐助美国商品和服务，例如，购买美国的救护车运回中国。根据会馆的记载，在对日战争期间，美国华人总共捐了25亿美金给当时的中国政府，还买了40亿美金的美国国债④（当时因战争时期通货膨胀严重，币额都非常大）；同一时期，美国红十字会在整个战争期间的募款金额只有600万美元。⑤ 相较之下，我们可明显看出当时海外华人掌控中国贸易港和纽约港的经贸实力，以及他们参与新中国事务的热诚。

总结来说，跨国政治活动需要强大的经济实力，而华人的经济实力依赖中国贸易港口的兴盛以及美中贸易航道的畅通。跨国政治经济连接的存在与繁荣，其实，给予当时没有美国公民身份的华人一个新

---

① 在芝加哥的华裔美人博物馆和孙中山博物馆收藏的这些档案资料，记录了当华人移民在美国受到最深歧视时，他们都将希望放在祖国的改革上。
② 中华公所：《特别刊物》，1995年，第86—88页。
③ 同上书，第88—92页。
④ 同上书，第89页。
⑤ 这个红十字会的捐款数字是由 Prof. Clemens 提供的。

的身份认同,① 而海外华人也因此将繁荣母国地方经济视为自己的责任。事实上,光在广东台山县,就有80%人口的日常生活所需依赖着海外华人的汇款,41%的家庭收入来自海外的亲戚;在中山县,60%的土地所有权是海外华人拥有的;其他省份(福建、广西、云南)虽然规模不同,海外的汇款也是家庭收入的重要来源之一。②

二 第二阶段:美籍华人与全球华人资本市场网络

在第二次世界大战期间,美国政府着手废除限制华人归化成美国公民的法案;战争结束后,更是逐步放开了对华人移民的限制。虽然冷战初期,美国政府曾对中国城的华人进行短暂的限制,但之后美中两国之间的贸易关系迅速重建,来往中国贸易港和美国港口的船只、货物和人群又开始络绎不绝,中国商会又开始招收新会员。不过,这次华人已经可以取得美国公民身份,所以在推动美中商业活动时,他们有更多的政治和经济资本可以交互使用。在这个新的基础上,他们更进一步在全球各地的中国城,提供全球资本市场个人化与专业化的商品服务。

(一) 新移民政策的背景

如前一章所述,美国在第二次世界大战后的新移民政策改变了移民社群的人口分布和社会阶层结构;这时期的华人移民多以专业技术和家庭团聚的身份进入美国。过去,华人集中在城市中心的中国城内,但受过高等教育的专业华人移民多选择在郊区居住,因此与传统的华人自治

---

① 尽管法律否定华人进入美国的权利,国际移民和跨国活动还是持续进行着。关于早期将华裔美人资金汇到中国的研究和这个资金的政治社会意义,请参考 Yong Chen. Understanding Chinese American Transnationalism during the Early Twentieth Century: An Economic Perspective. Sucheng Chan. Chinese American Transnationalism: The Flows of People, Resources, and Ideas between China and America during the Exclusion Era. Philadelphia: Temple University Press, 2006: 156-173.

② Ren, 2009.

社群有所区隔。这一时期的亚洲移民来源也渐趋多样，其中包括许多来自中南半岛的难民。这些难民分别从越南、泰国、柬埔寨进入美国，并经由美国政府的安排，直接进入美国的社会福利系统，与一般移民所经历的行政程序与社会参与过程大不相同。这类移民多选择在传统移民社群周边的卫星社区居住，以服务社区周边民众为主要经济来源。

以纽约为例。法拉盛、皇后区、日落大道和布鲁克林区都分别出现新的移民聚落，① 而不同移民团体之间彼此都强调多元文化并存的重要性。华人社群组织就经常赞助南亚饮食文化展、缅甸舞蹈表演和日本击鼓表演等活动。事实上，华人社群本身的来源也趋于多样；有些华人来自越南、缅甸和菲律宾，② 有些华人则是从新加坡、马来西亚、韩国等地来纽约的，他们多能与来自越南、柬埔寨和泰国的新移民互助合作，共同繁荣地方经济。③

移民社群之间除了合作外，也有竞争。新移民的出现对旧移民的工作和生活方式带来挑战。无论在劳动力密集型产业还是知识经济产业里，新旧移民都不可避免地会短兵相接，因此都面临着磨合的过程，有时也会形成保护主义的壁垒。以劳动力密集型产业为例。因为廉价华工开始从福建以合法和非法管道进入美国，中国城内低技术劳动力市场的竞争也变得剧烈，并形成一股挑战早期以广东人为领导阶层的势力。新兴的福建势力积极地与往来中国和纽约的商船合作，在沿岸接送人口，并安排他们搭舢板进入纽约；这种经营策略让福建帮迅速致富，并在几年之内就成为城内最大的华工团体。④ 新兴的福建势力也成立自己的移民组织，并以人数上的优势，摇身一变成为中国城内的领导阶层和经济资源

---

① Chen, 1992; Wang, 1994.
② 中华公所：《120周年纪念》，2004年，第89页。
③ 比如一个世纪的芝加哥中国城：芝加哥中华公所。
④ 《纽约时报》July 22, 2001 by Susan Sachs. 在纽约的福建领导人估计，至少有30万福建人现在散布在美国各州……他们会到中国城、使用银行处理他们的财务、剪头发、买影带、准备旅行计划，或购买日常生活用品。

的有力竞争者。其他的新进人口还有来自中国内地以外各地的华侨,像港商、台商、陆商。他们平时既不住在城内也不住在郊区,倒是他们的钱在纽约四处流动,进入周边的房地产、超级市场、办公大楼、高级公寓等。海外金钱的流入使得传统移民聚居区周边的房地产在短期内出现大幅度的变化,许多在城内长期居住的人,因为无法负担持续增加的租金,被迫迁出城内的公寓或店面,或改变土地的使用方式。这些变化造成城内族群文化产业的衰落,商业活动的兴起,以及空置房屋的增加。

简言之,新移民的出现已让传统中国城的生态发生彻底改变。低度技术劳动市场几乎被不断涌入的非法移民所垄断,中产阶级则因为房价高涨而被迫搬离,资产阶级却藏在太平洋的另一端。过去那种以宗族姓氏关系为主要社会纽带的社区形成方式,现在只能在非法移民社群中看见;合法移民则在移民法案的改革下,渐渐地融入美国主流社会,因而脱离了华人自治管理的控制。

(二)进入美国民主体制

1949年中华人民共和国的成立也牵动了中国城原本的生活方式。在政治意识形态上,来自中国大陆的新移民无法接受旧移民所支持的三民主义思想,所以他们开始组织起来挑战城内旧有的社会秩序。[①] 退守到台湾的国民党当局则与旧移民友好,并配合美国政府的冷战政策,坚持反共的立场。旧移民每年会参加国民党举办的活动,极力谴责中共政权;有些社群组织甚至在报纸上买广告,或去联合国、国会山和中华人民共和国代表住的旅馆前面游行抗议,与他们同行的伙伴中还包括美国退伍军人组织和一些来到美国的蒙古人。[②]

在这种反共的氛围中,旧移民为了保持对移民社群的影响力,开始积极参与美国民主政治;原本孤立自治的华人社群开始变成游说美国国

[①] 请参考:Stephen Fitzgerald,1972,*China and the Overseas Chinese*, *1949-1970*(《中国和海外华人,1949—1970》),Cambridge:Cambridge University Press.

[②] 中华公所:《特别刊物》,1995年,第96页。

过河卒子：美国全球战略布局下的华人移民

会的美国公民团体，[1] 所追求的理想不仅是社区的发展，还包括所有华人的福祉。这个进入美国政治体系的决定虽然推翻了过去的习惯，却并非偶然。在过去，旧移民与中国政府关系密切，中国政府为移民抗议美国政府的歧视性移民法案，或是争取进出口贸易的许可和执照；旧移民若要与美国政府沟通移民的有关议题，必须经由中国政府的正式和非正式谈判管道。[2] 但现在，旧移民可以直接向美国参议员表达他/她们的关切，对外交管道的依赖因而减少。此外，因为新移民来源的多元化，许多母国政府不见得可以有效地处理侨民问题；移民社群领导人也在这样的环境下干脆开始学习美国民主体制运作的方式，例如，募款支持某个特定的候选人，甚至推出自己的候选人；纽约华人已通过这些方式，直接参与美国国会议员、纽约州议员、纽约市议员和纽约高等法院法官等的选举。

　　从政党初选到正式选举的这段时期，已经变成纽约华人社区组织活动最频繁的季节。他们会积极提醒居民在期限之前注册成为投票者，有些华裔组织还会定期举行亚裔英文作文比赛，借此鼓励年轻人获取与分享参与美国民主政治的经验和成就。有些社区组织会与政党合作，在社区内举行党内初选辩论；各候选人会在社区礼堂辩论，就税制改革、房价合理化、交通等议题直接与选民沟通。城内居民也经常热心参与救助自然灾害的募款活动，或是捐钱给美国红十字会和纽约市长的紧急救助金等。城内从事社会福利的移民组织，过去只向母国政府注册登记，以领取各种补助；现在他们也会接受美国政府的资助，成为美国国家社会福利体系的一部分。

　　这一连串剧烈改变发生的背后，固然有其历史与社会因素，但它仍需要一个具体的仪式作为其开端；这个仪式就是战后城内老领导拜访首

---

[1] 《介绍东岸最大型的华裔美人社群组织》，中华公所：《特别刊物》，1995 年，第 57 页。
[2] 《亚裔美人年鉴》，第 44 页。

第四章 跨越太平洋的华人移民

都华盛顿并发表了一个正式的宣言。这些华人老领导带头宣示对美国效忠，同时提出 14 点建议，这是一个华人变成美国人的过渡仪式；从此之后，美国公权力正式进入华人各种事务的管理和协调中，纽约市长、国会代表和其他美国政治人物也开始定期拜访中国城，听取居民的建言和举行募款餐会。获得合法公民身份并积极参与政治活动的华裔美人，成为拉近美国政府与华人社群之间距离的桥梁。

然而，取得法律上的公民身份，并不等于就能行使美国公民身份所赋予的所有权利。根据记载，美国司法单位在冷战时期开始调查一连串关于签证签发的弊案。当时许多华人为了进入美国，企图行贿美国在广东和香港的领事馆官员；根据传言，不同形式的签证都各有其黑市价码。有些弊案则是提供假的身份证明，或是帮助偷渡人和商品进入美国。在调查的过程中，许多移民社群组织遭到司法单位的搜索，其中许多人最后也收到了传票。虽然一部分人是真的有罪，但也有许多人自认清白；他们于是雇用美国律师，希望经由法律途径证明自己的清白或除罪。这个事件让社群领导阶层开始注意一个问题：在儒家教育方式下成长的华人并不熟悉美国的法制运作；华人不清楚美国宪法如何保障他们作为公民的基本权利，也不知道如何与执法者沟通。这些领导于是开始集资印制小册子，教导社区居民在面对公权力执法时应该如何捍卫自己的权利。[1]

事实上，因为美国法治公权力渗入各种生活细节之中，华人几乎无时无刻不在学习如何使用美国公民身份。1975 年，华人社区发起了一场抗议警察暴力的活动，估计约有两万人参与；社区动员者提到他组织动员的诉求其实是受了金恩博士的人权论述的启发。当时为了缓解移民社群和当地警察之间的紧张关系，警局代表开始时常参与社区活动。[2]

---

[1] 中华公所：《特别刊物》，1995 年，第 61—62 页。
[2] 同上书，第 65 页。

过河卒子：美国全球战略布局下的华人移民

  1982年，华人移民又动员了另一场抗议活动，反对纽约政府打算在中国城附近建立监狱的计划；在居民抗议之后，政府同意在监狱旁再建设超级市场和老人活动中心。① 此外，城内中国餐厅的食物烹调方式以及对牲畜的处理方式，都与美国政府所颁布的规定有许多不同；为了维护厨艺传统，移民组织雇用实验室，完成具有证据效力的报告，再与政府的报告做对比，借此增加与政府协商的筹码。这些折中协商不乏许多成功的例子。过去因为卫生考量，政府不准贩卖烤鸭和烤猪，但现在法律允许此类食品可以在一定时限内进行贩售。美国政府原本规定不准贩卖全鸡，鸡头和一些部位必须在贩卖前去除，但中餐厅团体在和政府协调时，提出中国人在祭祀祖先和举行宗教仪式时，需要展示完整的鸡；② 法律也因此对此一限制做了一些修改。

  这些与美国公权力折中协调的经验不胜枚举，但就是这些经验落实了华人移民在美国城市的身份地位；他们现在已经不仅是美国法律名义上的公民，而且是实质上有能力积极参与美国社会政治的公民。

  在70年代美国总统尼克松访问中国之后，移民社区的政治风向也随即发生微妙的变化。一位美国总统在冷战时期正式访问中国大陆，是一件非比寻常的大事；这彰显了中国政府在国际社会里的合法性。其中最明显的效应之一，就是美中的经贸活动再次热络起来；许多针对中国大陆贸易限制的禁令开始解除，许多新移民于是着手投入美中之间的进出口贸易，尤其是中国大陆的香菇和药草开始大量在中国城的商店里贩售。在美中建立正式外交关系之后，中华人民共和国政府开始解除限制人民移出的禁令，大量中国大陆人和金钱开始流入美国的华人社区。除此之外，为了鼓励海外华人汇钱回乡，中国政府还提供海外华人缴税时额外的信用，给予他们公民身份的待遇，以及提供其子女就读国际学校

---

① 中华公所：《特别刊物》，1995年，第66页。
② 同上书，第67页。

的机会。政府领导人也时常与海外华人企业家会面,并在海外出访时,为他们与其他国家领导人穿针引线。根据中国政府的统计资料,在改革开放初期的外资公司中,有 80% 来自海外华人社群,他们的投资则占了 70% 的外资活动;这个数字在近年来稍低,但是投资的数量只增不减。[①]

(三)渗入美国金融体系的华人社会关系网络

1981 年,美国联邦银行法案允许外国银行在美国设立分行,造成海外华人和华裔美人所设立的银行纷纷进驻纽约。这些不同国籍和规模的金融机构各有所长且相互合作,成为华人在纽约和香港进行商业活动不可或缺的一个环节。在此同时,中国大陆也实施改革开放政策。这些因素导致大量海外华人的资本开始在全球金融体系内流动,华人社群的定义也不免发生了巨大的变化。

在中华人民共和国成立初期,中国政府曾抑制侨资进入中国大陆,但之后又改变政策,推动一系列鼓励侨资的措施,保证一定比例的投资获利,只不过投资标的必须是国有企业。同时,中国人民银行和中国的其他银行也会配合侨资的投资,提供相关的服务。到了"文化大革命"时期,跨国资本的流通又暂时停止,到了邓小平主政之后才又再度恢复。从 20 世纪 80 年代起,中国的经济呈现出两位数的增长,近年来虽开始趋缓,但仍呈现出稳定增长的态势。除了引进侨资外,中国政府也设计许多照顾对外贸易和直接投资的优惠政策,希望利用外资带动中国经济转型,平衡内地的区域发展。根据 2008 年世界银行的报告,中国采取了所有发展中国家之中最低的进口关税政策;相对于美国、日本、巴西和印度,相对于国民生产总值的比率,中国的进口贸易额相对较高,关税却出奇地低。美国经济分析局所计算的美国国际经济账户数字,也显示出美国对中国输出服务贸易的顺

---

① Ren,2009:256.

差已达到329亿美元。①

中国的持续开放市场政策,加上其世界贸易组织成员的身份,都使得中国市场对外资企业具有相当的吸引力。美中关系协会的统计指出,2000—2009年,美国对中国出口成长数字超过300%。在这个状况下,中国本地公司必须努力与外商竞争,才能取得同样程度的增长效果。一般来说,外企拥有比较好的技术、管理的技巧和充沛的创业资本;即使外商时常抱怨中国地方政府和中央政府之间有些沟通上的问题,也对政府采购法中对于外商的各种限制有所不满,但外商在中国市场的成长和专业服务的贸易顺差仍逐年增大。

当中国政府积极地为外资在中国铺路时,也并未忘记让中资向外扩张。中国政府就将一大部分的外汇资产投资于美国的国库债券和美国政府支持的房产公司,例如Fannie Mae and Freddie Mac;如此一来,美国房地产市场的运作,以及银行利率和美元币值的调整,都不得不关注中国政府的一举一动。② 在某种程度上,中国政府已成为美国政府经济政策的连带保证人。联合国和世界银行等国际组织也采取措施,帮助中国建立各种与已开发国家之间的商品流通管道,协助人力、货物、服务与创意等的流动;这些国际组织补助发达国家加入发展中国家的基础建设计划,例如世界银行在中国的投资计划。

这些便利跨国资本流通的政策也嘉惠了纽约的华人社群。无论是美国的地方和跨国商业银行,还是海外华人所成立的银行,都看重华人累积跨国资本的能力。根据联邦存款保险公司的记录(FDIC),光是从1997年到2005年之间,华人社群在纽约中国城内的银行存款就增加了

---

① 美国经济分析局关于美国国际输出服务、2008年跨国贸易和2007年经由美国分支机构提供的服务输出的统计,2009年10月;根据美国贸易、美国国际货物和服务贸易统计数字,2009年10月,两国贸易逆差是329亿美元。

② 细节可参照Paul Swartz and Peter Tillman, "Quarter Update: Foreign Ownership of U.S. Assets," April 16, 2010. Council on Foreign Relations.

2.4倍，从29亿美元跳到68亿美元；其中存款放入华人所经营的银行的比例还减少了6%，增加的存款大都流入美国人所经营的跨国投资商业银行，其次是海外华人经营的银行。许多在美国工商业方面的投资，其实仰赖着来自海外华人账户的资产。

但是到了20世纪90年代，因为美国经济衰退，许多银行关闭了在华人社区的分行。"9·11"恐怖袭击更加速了华人社区的经济衰退，许多成衣工厂和零售业甚至面临倒闭或关厂的危险。另外，因为跨国资本的流入，华人社区中以服务业为主的工作则呈现出成长的趋势，例如银行业、与科技相关的产业和其他专门领域的专业人士。在服务业里，华裔专业人士多从事会计和医疗产业的工作；非华裔专业人士则集中在法律、建筑、艺术和娱乐产业。这些华裔和非华裔的专业人士又另行在城内雇用员工，为许多企图在中国拓展市场的跨国公司（以曼哈顿为营运点的跨国公司）提供各式各样前进中国的协助。他们也与市政府合作，在中国推销纽约的优点，企图吸引更多的中国资本进入曼哈顿岛。[1]

然而，因为服务业的兴起和随之而来的都市更新计划，一群长期住在中国城的居民被迫迁移；对一些低收入户而言，以专业服务业为主的经济活动并无法造福他们的生活。根据《纽约时报》2001年的报导，[2]过去两年在中国城内至少有五个顶级住宅的建设案完工销售，另外有八个类似的建设案则正在筹划动工。这些城内的高级住宅售价与曼哈顿岛

---

[1] 关于振新中国城经济比较细节性的讨论，请参阅：Asian American Federation Report (2008)。

[2] 纽约市中国城，报纸文章 A Case Study in Displacement on Elizabeth Street, Warning: Gentrification in Progress. By J. A. Lobbia. July 4-10, 2001. The Village Voice. www.nychinatown.org/articles/voice010704.html. 报纸报道，许多亚裔租屋者，晚上在餐馆工作，或是在建筑工地、成衣血汗工厂长时期的工作，他们是年约四十多岁的福州人，是纽约市里最新的移民，也是最穷的一群人。另外一篇报道 Luxury Condos Arrive in Chinatown by Vivian S. Toy (September 17, 2006, New York Times. www.nychinatown.org/articles/nytimes060917.html) 记录了中国城的贫富差距现象。

其他的高级住宅不相上下，约在 300 万美金左右。买主则主要来自三个团体：华裔专业人士、福建移民和外州（例如，俄亥俄州和宾夕法尼亚州）的中餐馆经营者。

当商业住宅和商业租金出现快速增长时，小市民的商业活动就不免会受到跨国资本的挤压。城内的居民在海外华人银行和跨国商业银行前面举行抗议活动，认为他们忽视当地居住民的需求。[①] 他们的行动也显示出在华人劳工阶级和华人资本家之间，以及华人当地利益和华人全球布局利益之间，已经产生显著的冲突，并造成劳动市场收入两极化的现象，进而导致美国华人内部的阶级紧张关系。

许多在纽约投资的海外华人也同时在中国投资，投资数目呈现出稳定增长的趋势。基本上，为了避险和投资，海外华人会在不同的资本和商品市场进出。他们充分利用美国、中国大陆、中国香港、中国台湾和新加坡等地之间的时差、资本成长率的快慢、投资者结构的缝隙，以及汇率换算计价（值）体系的不同，将资本进行流转滚动生利。海外华人的资本可以从中国台湾进入中国大陆市场，或是由中国香港或新加坡转进，[②] 也可以通过纽约在美洲和欧洲的交易市场进行投资标的互换，交易完成后再回到某个特定的亚洲国家的市场。而劳动力成本和产品制作阶段的差异，则被利用为开拓市场的策略。最后，海外华商之间不但彼此提供以信任为基础的私有资金操作管道，同时还会相互交换欧美与亚洲市场创业的机会。简言之，现在纽约的华商大都拥有双重或多重国籍，他们会将存款存放在美国银行，利用美国交易市场在全球的公开或私营交易平台，把来自中国大陆的资本带进美国国家金融体系和全球金融市场。一些投资政府机构或国家计划的投资者，也可利用同样的管道来投资海外基础建设，并将他们的商业影响力扩展到市场上其他的生产

---

① Kwong, 1996: 205.

② Kao, 1993; Gomez and Hsiao, 2001, 2004.

第四章　跨越太平洋的华人移民

者和消费者身上，建立以跨国资本为主的社会关系网络，深入新的生产活动之中。

三　结　语

一旦将华人移民置放于前一章所勾勒的美国全球布局的架构之中，就不难发现，美国华人社群的转变可大致区分为三个阶段。当美国只在美洲大陆进行扩张时，美中贸易才刚开始，所以规模不大，数量也不多。在华人移民社群形成的初期，华人多数从事于协助美国将主权从东岸大西洋拓展到西部太平洋的活动。在美国逐步确立起在西半球的影响力的同时，华人在旧金山成立了第一个中国城，并在完成横跨美国的铁路修筑之后，沿着铁路到达芝加哥、纽约、波士顿和费城等城市，开始建立起华人社群。华人在中国的贸易港口和美国的上岸口岸活动，开始形成网络，并在华人社群组织的自治管理之下成长扩张，不受外界权威的干涉。

从美国立法管理华人移民的角度来看，这一阶段的立法精神局限在保护美国国内的劳工市场和减少华人直接投资劳动力密集的农工业所造成的冲击上。面对立法的限制，一方面，华人只能拥有美国市民社会的会员身份，而无法获得国家体系的政治认可，但也不受美国公权力的管辖；另一方面，他们即使移出中国，也还是中国的永久公民，因此仍然在中国政府的管辖之下，臣服并活跃于美中之间的官商网络中。

但到了下一阶段，也就是美国在全球扩张的时期，美国开始征招全球各处有能力的输诚者。这群人具备专业知识，对当地又十分了解，可以帮助美国的商品和服务在其母国流通，并协助母国与美国之间建立军事和经济伙伴联盟关系。这个对新移民的期待也出现在华人移民身上；在美中关系正常化之后，美国增加了对中华人民共和国的移民配额、工作签证配额、学生签证配额和简化旅游签证手续；这些政策即可见端倪。这些经由新政策进入美国的华人，在取得政治和市民社会的会员身份之后，即可开始向美国主流社会争取权利的保障，并向当地政府要求提升华人社区的都市基础建设；他们还进入美国国家金融体系，利用美国在全球的交易平台，扩展经济合作。

对美国政府来说，这些进入美国民主体制和金融体系的华人移民在法律上是美国主权的延伸。他们在全球各地的活动，也是美国主权在全球各地的展示，并受到美国法律的直接管辖。这个法律现实对美国扩张在中国的影响力有相当的助益。近年来归化成为美国公民的华人已从过去的中国南方省份和城市（广东、福建、上海，位属东亚和东南亚的经济圈）扩及北方（北京、天津的商人）和东北部的省份；美国企图对中国进行全盘性了解的企图可见一斑。但同时美国也开始要求华裔美人的忠诚。每隔一段时间，华人社区都会受到媒体上关于华人间谍案调查的影响，华人感受到他们有出面公开宣扬忠诚的义务。关于外国资金流入美国国内选举的调查，也会让华人社区出面公开表示只效忠美国的政治理念。这些都提醒华人，美国公民身份的调查显示了美国主流社会虽然支持移民跨国社会网络的形成，但却限制他们，使其只朝符合美国国家利益目的方面发展。

在未来的二三十年中，美国主流社会人口组成的改变必将带来内政和外交的转变；移民的命运也势必会展开一个新的阶段。白人族群将会变成少数，其总票数不再具有选举中的优势地位。在美国这个选举人口和投票数决定一切的民主体制下，白人少数族群即使有其他优势，也很难掌握政策决策过程；在黑人、西班牙裔和亚裔人数占多数的情况下，反对黑人、西班牙裔和亚裔族群的政党将无法执政，新的美国内政和外交政策会陆续出现。因为此时华人所属的社会网络在规模上是世界第二大经济体；我们可以预期，华裔美人的美国公民身份将会被赋予一个新的社会角色和意义。

第五章　中国台湾移民参与美国政策的学习曲线

之前的讨论分析了美国主权在全球的逐步扩展；我们看到领土和权力的扩张如何重新定义了国家主权、人民和国界，不断修订移民和公民身份的政策，以维持或扩大美国主权的影响力规模。在前一章里，我特别针对的是华人移民社群学习与行使美国公民身份的内容。这些因为美国的全球扩张所带来的公民身份实践方式，颠覆了传统上对国家主权、人民与国界之间关系的想象。不但美国主权不必受限于美国国界，可以延伸到许多远端控制和间接统治的国家领土上，而且新移民的公民身份内容也不再受限于美国国界，开始在跨国贸易和全球金融市场上体现其开放市场和自由竞争的精神，并在牵动全球产业布局的科技竞赛中，促使母国的制造业纳入美国创新经济的生产链之中。简言之，新移民的身份受到美国整合全球资源的国家发展需求的影响，在不同阶段肩负着不同公民身份的义务内容。

但是前面的讨论对以下问题尚未做出深入探讨，新移民怎么知道自己的公民身份内容？怎么知道什么是美国国家利益？每个移民都带着自己的出身背景、政治信仰、思维习惯和社会网络进入美国，美国政府和主流社会是怎么驯化新移民的？换句话说，美国如何使得新移民从母国主权延伸的行动者，变成了美国主权在全球延伸的行动者？这一章企图用支持"台湾独立"的新移民作为一个研究案例，讨论美国政府和主流社会如何驯化这群台湾跨国政治运动者，使其变成民主和人权的支持者，同时又是愿意维持两岸现状的美国公民。这群公民有时面对美国联邦调查局的调查，有时甚至在美国社会中被极度边缘化，但当美国企图通过维持两岸现状来牵动亚洲地域政治和全球的布局时，他们扮演着微妙的角色。①

移民学习行使公民身份本身是一个新移民和美国政府之间的互动过程。所学习的内容包括美国政治运动草根动员的技巧，如何与美国国会的议员互动，如何利用美国智库来增进对美国政策内容的了解。此外，移民也要了解美国行政部门的立法权力，观察美国行政部门和美国立法部门之间的互动，以及摸清美国司法部门在监督执行政策中的角色。根据这些主题，本章所依赖的资料是从以下几个管道收集而来的：

当我们试着从台湾美人社群内部的角度理解这个社群撰写美国对中国台湾政策历史的方式，并观察社群领导人进入美国的身份、时间和目前的发展，我们就必须了解他们的社群内部论述。为了达成这个目的，第一个资料管道是社群出版物，这些社群包括了"世界台独联盟"、台湾同乡会、台湾人权组织、北美台湾基督教会议、北美台湾人教授协会、台湾人公共事务会、台湾大学生学会、北美台湾人医师协会、北美台湾人妇女协会，等等。

第二个管道所收集的资料则有助于我们了解母国政党政治对新移民政治行为的影响。借由亲自访问民进党海外党部、民进党美东党部、国

---

① 从社会学现象学的角度看世界，现在是未来的存在，是时时跟着未来的想象在变动的，而维持现状则意味着控制未来发生的可能，以两岸维持现状为例，现在的两岸现状就是未来的两岸现状，尽管时间和互动的内容一直在变化，但是"未来的现状"是不变的。延伸到周边的地域政治，尽管时间一直在流逝，国与国之间交往的内容一直在更新，但是在"现状"就是"未来"的情况下，未来数十年大体就是现在的境况。

第五章 中国台湾移民参与美国政策的学习曲线

民党、亲民党在华盛顿的代表处、台湾当局驻美办事处（纽约、芝加哥、华盛顿DC）等单位，我们可以发现输出地政党政治与中国台湾移民关系的建立方式。

第三个管道收集的资料企图了解非移民身份人士与美国主流社会，特别是参与美国对台政策的人士，与新移民的观点有何不同。他们对美国国家利益的认识与界定与中国台湾移民的看法不但不同，而且他们同时也密切观察与牵制这群热衷于跨国政治的中国台湾新移民。我的资料来源包括智库学者、外交政策分析家、国会研究处、国会听证会记录，国务院的中国台湾档案报告，美国国家档案和记录管理局收集的关于海外台湾人活动的报告和通讯记录，以及美国政府出版的关于美中关系的外交档案等。

最后，本章也参考了不少之前学者的研究，特别是记录美国外交政策和立法过程的分析，以及中国台湾移民和美国政府官员之间的互动记录。这些由前外交官、国家安全官员、国会工作者和资深记者出版的书籍，提供了他们第一手的工作记录和长期对区域局势和美国、中国大陆和中国台湾三方互动的观察。

透过以上几种不同的资料，本章将呈现美国对台政策和支持"台湾独立"的移民团体之间的互动，以及新移民如何学习捍卫美国国家利益的过程。[①] 这个分析显示了美国公民身份并不是签署社会契约之后的产物，而是在通过一个复杂的社会政治过程后所获得的结果。

---

① 本章针对美国外交政策里的人权政策做出分析，其他外交政策里的影响因素（在区域地域政治和经济环境里发生的）不在本章讨论范围之内，有兴趣的读者请参考《美国国会研究处的政策分析报告》（CRS Issue Brief），这个美国国会报告会随着外交事件的发展而常常更新。

一 支持"台湾独立"的移民论述背景

1895年,台湾成为日本的殖民地。在50年的日治时期里,日本人在台湾进行了现代化建设,更新了电力、交通、学校等设施,也建立了警察局和户口制度;同时日本政府也推广日本语的学习,并灌输殖民者在统治过程中所需的意识形态。至于当时的中国,正遭受战乱和帝国主义者的侵袭。那时的台湾被视为日本众多殖民地中的模范。从"独派台湾人运动"的观点看,50年的殖民经验使得台湾人不同于在中国大陆的中国人。事实上,绝大多数的台湾人并未参与影响中国人国族意识的许多关键事件,像清朝灭亡、孙中山先生的革命、军阀割据、五四运动、北伐、长征、集体合作对日抗战等。他们所经历的是在第二次世界大战时被迫从军,与日本军一起对抗美国和中国大陆。当时台湾人民的私有财产因遭到美军军机的连番轰炸[①]而损失惨重。于是第二次世界大战快结束时,一些台湾的本土精英诉求国际社会,希望让"台湾独立",或者将台湾暂时交由联合国接管。但是,这些诉求并未获得国际社会的支持。美国政府选择支持大战中一起作战的国民党,协助国民党掌握台湾的行政权,并没收日本人的财产作为协助国民党治台[②]的基础。对许多台湾人而言,1911年在中国大陆成立的中华民国是一个地理位置接近而心理陌生的国家。50年的日本殖民统治和与日军一同作战的经验,隔绝了台湾人与国民党之间的接触,现在忽然又必须面对国民党成为台湾新统治者的事实,接受台湾当局的统治。许多本土精英

[①] 请参考 Chou, Wan-Yao, "The Kominka Movement in Taiwan and Korea: Comparison and Interpretations," in *The Japanese Wartime Empire, 1931-1945*. Peter Duns, Ramon H. Mayers and Mark P. Peattie 编, 普林斯顿: 普林斯顿大学印行, 1996年。

[②] Chen, 1997/1998.

第五章 中国台湾移民参与美国政策的学习曲线

选择出走海外，一些选择留在台湾或是没有钱离开的人则不断批判国民党，特别是袒护其亲信与贪污腐败等恶习，以及失败的经济政策。双方之间的紧张关系终于在1947年2月28日演变成流血冲突，[①] 导火线只不过是一个贩卖香烟的小贩和一个查缉私烟的官员之间的小争端。这个事件因为官员处理不当而引发了市民的不满情绪，最终造成了社会失序和动乱。这个被国民党视为叛乱的事件很快受到军队的暴力镇压，从此"2·28事件"成为国民党压迫本省人的一个政治符号。根据"独派团体"的描述，在之后的白色恐怖期间，有几千个台湾人受到监禁或被杀害，或是没有原因就消失不见。[②] 对"独派"台湾人来说，"2·28事件"是国民党严格控制台湾人政治活动的开端，并将一党独大的政治意志强加于国家政治经济的发展规划之上。[③]

1950年，许多有能力的台湾人家庭送他们的子女去美国读书，希望他们将来能摆脱被压迫统治的环境。这些来到美国的台湾人目睹了美国当时风起云涌的社会运动和校园抗议活动；都市里的民权运动与反对越战的抗议也都在台湾学生心目中留下了深刻的印象。此时的台湾在戒

[①] 为了深入了解海外台湾人的思想，我阅读了George H. Kerr的 *Formosa Betrayed* (London: Eyre and Spottiswoode)。在"2·28"事件纪念会上，美国学者卜睿哲博士，针对这本书发表了一篇详尽的历史分析，将作者和作者同僚的差异观点做了比较分析。

[②] 李晓峰：《阅读"2·28"》，台北现代文化基金会，2008年。

[③] 在这个时期，美国政府视国民党政府为西太平洋的策略性盟友，美国专家遵从Joint Sino-American Commission on Rural Reconstruction (JCRR) 的意见，协助国民党进行土地改革，将财富从地主转移到佃农。国民党政府在1949年采用土地减租政策，接着将公有地划分，购买地主的私有土地，然后将这片土地分给自耕农者，所有的计划在1953年前完成，这个政策给予台湾民众一些财富，迫使地主在国有企业中创业。美国科技顾问也施压国民党政府，将台湾经济发展转向出口方面，之后对台湾在七八十年代的工业化和经济成长贡献良多。但是，在这个改革的过程中，国民党失去了本土精英的支持，许多精英决定远走国外。这个细节的讨论，请参考：Denny Roy《台湾：一个政治的历史》，Ithahaca: Cornell University Press, 2003; Thomas B. Gold 的《在台湾经济奇迹中的国家和社会》，Armonk, N. Y.: M. E. Sharpe, 1986; Robert Wade 的《管理市场：在东亚工业化过程中经济的理论和政府的角色》，普林斯顿：普林斯顿大学印行，1990年。

过河卒子：美国全球战略布局下的华人移民

严法的统治下，不可能出现类似的政治活动。目睹美国公民的政治自由，以及听多了美国政治体系中所强调的法治、民主和人权等价值，许多留美的台湾学生毕业后决定从事政治运动，[1] 企图在台湾复制美国的政治体制和价值。事实上，在冷战时期，类似于中国台湾留学生的经验也发生在很多国家的移民社群里。许多来自波兰、古巴、拉丁美洲和东欧国家的新移民，都尝试在自己的母国推动政治改革。他们有的游说美国国会，希望美国出钱出力，在当地扶植反对的力量；有的则在美国街头抗议，希望能获得美国主流社会的注意。[2] 这些跨国政治活动在美国引起了热烈讨论，反对这类活动的意见多表达出族群利益可能会牺牲国家利益的忧虑，因为这些移民的诉求可能会对美国整体政策的考量造成干涉与伤害。在美国，族群团体在外交领域中游说美国政府一直是个具有高度争议的行为。绝大多数出生在美国本土的人士反对这样的行为，因为新移民的利益不见得与母国人民的利益相同，新移民的利益与美国本土出生的美国人的利益也可能存在着冲突。此外，美国的军队不能被视为是新移民的军队；这些新移民可能连公民身份都没有，怎么可以让美军出兵支持他们的海外斗争呢？这些争议和质疑在中国台湾美人的独立运动中屡见不鲜。

---

[1] 请参阅 Yang, Carole 的《我们的故事：十六个台美人夫妇的人生故事》，北美妇女协会。

[2] 关于族群团体游说美国政府，改变其外交政策的利益和风险的讨论，请参阅：Samuel Huntington, 1997, "The Erosion of American National Interests," *Foreign Affairs*; Tony Smith, 2000, *Foreign Attachments: The Power of Ethnic Groups in the Making of American Foreign Policy*, Harvard University Press; Alexander DeConde, 1992, *Ethnicity, Race, and American Foreign Policy: A History*, Boston: Northeast University Press; Jack Holland, 1987, *The American Connection: U. S. Guns, Money, and Influence in Northern Ireland*, New York: Viking; Martin Weil, 1974, Can the Blacks Do for Africa What the Jewis Did for Israel? *Foreign Policy*, Summer 15; Z. A. Kruszewski, 1987, The Polish American Congress, East-West Issues, and the Formulation of American Foreign Policy, Mohammed E. Ahrari, *Ethnic Groups and U. S. Foreign Policy*, Westport: Greenwood Press.

第五章　中国台湾移民参与美国政策的学习曲线

二　跨国政治运动的机会结构与美对台政策[①]

除了通过论述建立跨国政治行动的合法性之外，政治行动的成功与否还取决于行动进行时政治机会结构（political opportunity structure）[②]。以从事跨国政治行动的中国台湾移民为例。美国对台政策的辩论平台就是一个不错的切入机会。首先，新移民可采取一个关心美国国家利益的未来公民身份，渗透美国外交政策的辩论，进而在美国自由派和保守派

[①] 对美国联邦体制复杂的外交政策制定过程，以及国家与国家之间的协商，本章不予讨论。本章将用下列文献建立基本的美国对中国台湾，对中国大陆的外交政策。有兴趣的读者可以在学者文献中，探索政策制定的细节和影响政策重新审查的力量。本章关于美中关系政策的讨论可参考：Robert Accinelli, 1996, *Crisis and Commitment: United States Policy toward Taiwan, 1950-1955*, Chapel Hill: University of North Caroline Press; John W. Garver, 1997, *The Sino-American Alliance: Nationalist China and American Cold War Strategy in Asia*, Armonk: M. E. Sharpe. 关于亚洲联盟和策略的资料以及关于"不可缺少的敌人"的概念，可参见：Steven M. Goldstein, *The United States and the Republic of China*, 1949-1978: *Suspicious Allies*, February 2000; Thomas Christensen, 1996, *Useful Adversaries: Grand Strategy, Domestic Mobilization and Sino-American Conflict, 1947-1958*, Princeton: Princeton University Press; Nancy Bernkoff Tucker, 1994, *Taiwan, Hong Kong, and the United States: Uncertain Friendships*, New York: Twayne Publishers, Dr. Tucker, "A House Divided: The United States, the Department of State and China," *The Great Powers in East Asia*, 1953-1960, New York: Columbia University Press, 1990; Norman A. Graebner. — Dean G. Acheson (1949-1953), 1961: 267-288, Hans J. Morgenthau. — John Foster Dulles (1953- 1959), 1961: 289-308, in *An Uncertain Tradition: American Secretaries of State in the Twentieth Century* edited by Norman A. Graebner, New York: McGraw Hill. Wang Jisi, 1989. The Origins of America's Two China's Policy, Sino American Relations, 1945-1955: A Joint Reassessment of a Critical Decade, edited by Harry Harding and Yuan Ming, Wilmington, DE: Scholarly Resources Books; The sources concerning the opening policy to China come from Henry Kissinger. 1979. *The White House Years*, Boston: Little Brown; John H. Holdridge. 1997. *Crossing the Divide: An Insider's Account of Normalization of U. S. -China Relations*, Lanham, MD: Rowman and Littlefield. Harry Harding. 1992. *A Fragile Relationship*. Washington, D. C.: The Brookings Institution; Michel Oksenberg. 1982. "A Decade of Sino-American Relations," *Foreign Affairs*, Vol. 61, No. 1; Robert Ross, 1995, *Negotiating Cooperation: The United States and China, 1969-1989*, Stanford, CA: Stanford University Press.

[②] Snow et al., 1986.

的政治角力和政策辩论中，寻求累积政治资本的机会。接着，新移民可以将他们所参与的政策辩论过程加以选择性地包装后，外销至台湾，为台湾岛内提供政治消费，或转化为岛内特定政党和政治人物的政治资本。美国政治人物在对台政策方面的影响力，在必要时也可转化成撼动台湾政权的权威。最后，这些改变台湾政治和舆论风向的努力所得到的结果，又会变成美国驻台"办事处"所收集的台湾政情资料，作为美国对台政策的评析。简言之，这些移民的跨国政治行动形成了一个回圈，先从参与美国外交政策开始，之后经过台湾，接着又回到美国的外交政策辩论上。这个回圈可以算是支持"台独运动"的中国台湾移民所独具的政治参与结构，让他们看到其未来的公民身份所赋予他们的跨国政治行动机会。换言之，拥有美中双重国籍身份的他们，可同时参与美国和中国台湾的政治体系，同时参与美国和台湾"总统"的选举，同时帮美国和台湾的"政治人物"竞选，抗议美国国务院和质询台湾相关机构，同时与美国和台湾的"国防部"往来。像这样的政治机会并不是每个游说美国外交政策的族群团体都能具有的。

除此之外，美中的外交政策也是影响这个政治机会结构的重要因素。在美中关系正常化之后，在美国开放与中国的自由贸易的同时，美国国会为了平息国内对与中国交往的疑虑，开始举行中国人权听证会，参加"台湾连线"的美国国会议员也举行中国台湾人权听证会。经由筹办这些人权听证会，中国台湾移民得以陪伴美国国会议员到台湾考察，介绍本土的"政治人物"与美国议员熟识，安排美国议员参与"台湾选举"中反对势力的造势活动，甚至到美国国会的人权听证会上作证等；这些政治运作的能力都让当时还采取军事戒严的国民党深感无可奈何，形成一股促使国民党朝向民主改革的压力，也给担忧"台湾独立势力"壮大的中国政府带来挑战。在这个敏感的协商过程中，另一个跨国沟通管道也逐渐形成。北京方面开始邀请支持"台独"的中国台湾移民，到祖国大陆解释自己的政治理念，过去，美台政策辩论的跨国回路也因此延伸到北京。若我们从更宏观的角度来观察,在美国的中国台湾移民政治行动的出现,可以说是冷战时期美国全球霸权在地域政治中体现的结果。美国、中国大陆和中国台湾三方之间的政治角力,以及彼此关系的变化与平衡,有一部分是必须靠美国政治体系所提供的协商回路来进行或调整的。

(一) 美国对台政策讨论平台的形成

1945年,美国实施了第一个重大的对台政策。对于台湾脱离日本统治之后的可能发展,当时有许多的提议,包括联合国的暂时接管或让"台湾独立"的可能。这些提议都在美国政府的不同部门之间交换过意见,最后送给罗斯福政府作为解决台湾问题的可能处理方式。在深思熟虑之后,美国罗斯福总统做出了最后的决定,亦即将台湾岛内的行政权交付蒋介石。[1]

当时美国外交政策的思考主轴,主要是环绕着冷战战略作计划的,在西太平洋,美国将国民党政府视为战略性伙伴,支持国民党自由中国的政治宣言,并将国民党的国际地位提升为是所有中国人(包括中华人民共和国的人民)的官方代表。美国政府于是对台湾提供经济和军事协助(1951—1965),帮助国民党重建战后的台湾。美国的专家也陆续抵达台湾,协助国民党政治人物和政府的技术官僚,建立起现代化的制度。事实上,美国政府也鼓励在非共产主义世界里的民间技术可以自由地转移。对于与美国成为军事和经济伙伴的国家和地区,美国的基金会、实验室和大学纷纷提供奖学金给来自该地区的外国学生,鼓励她/他们研读科学和技术,成为美国在区域里产业布局和策略性技术移转的桥梁。就连美国军方也会与战略性合作伙伴分享最先进的设备,并举办

---

[1] Tao, Wenzhao, 1989, Hurly's Mission to China and the Formation of U. S. Policy to Support Chiang Kai-shek against the Chinese Community Party, pp. 78-95. Sino-American Relations 1945-1955, A Joint-Reassessment of a Critical Decade, edited by Harry Harding and Yuan Ming. Wilmington, Delaware: A Scholarly Resource Imprint.

过河卒子：美国全球战略布局下的华人移民

联合军演。总体来说，这些都是帮助美国赢得冷战的策略，① 国民党因为可借美国的协助来维护政权，也积极努力地动员美国国会议员，希望持续与美国的合作关系。②

虽然美国表态不支持台湾的独立运动，但美国政府的外交文件却显示，美国政府对国民党政府在维持美国的区域战略利益这方面的能力，其实是抱持悲观看法的。杜鲁门政府对蒋介石在祖国大陆的表现给予负评，认为蒋介石政府腐败无能。杜鲁门总统也不认为蒋介石能够抵抗共产主义的威胁，所以在必要的情况下，他准备放弃台湾。不过，朝鲜战争的爆发让美国重新评估蒋介石政权的重要性，再度将台湾当局纳入美国的战略考量之中。③

艾森豪威尔政府在1954年与台湾国民党机构签订"中美协防条约"，将双方军事合作付诸法律条文，但是基本上在朝鲜战争过后，美国与国民党的关系就一直恶化，美国也发现很难说服其他国家支持台湾当局是所有中国人唯一的合法政府。美国对于是否要继续保住台湾当局在联合国安全理事会里的位置，也开始举棋不定；④ 美国国务院官员在肯尼迪政府和约翰逊政府时期设计了各种各样的策略，企图帮助国民党政府维持在国际社会里的地位，特别是它与大多数国家的外交关系和在联合国安全理事会中的席位。但这一切在尼克松总统取得权力后发生了

---

① Kaufman, Burton, 1990, Eisenhower's Foreign Economic Policy with Respect to Asia, pp. 104-120, edited by Warren I. Cohen and Akira Iriye. The Great Powers in East Asia, 1953-1960. New York: Columbia University Press, 1990.

② Garver, John, 1997, "U. S. Policy and the Taiwan Model," pp. 230-247, in the Sino-American Alliance: Nationalist China and American Cold War Strategy in Asia (Armonk, New York: M. E. Sharpe).

③ Tucker, Nancy Bernkoff, 1989, A House Divided: The United States, the Department of State and China, pp. 42, 44. Warren Cohen and Akira Iriye, eds., The Great Powers in East Asia, 1953-1960 (New York: Columbia University Press, 1990).

④ Garver, John, 1997, "The 1971 Debate at the United Nations," pp. 249-253, The Sino-American Alliance: Nationalist China and American Cold War Strategy in Asia (Armonk, NY: M. E. Sharpe).

第五章 中国台湾移民参与美国政策的学习曲线

变化,美国政府决定改变外交政策,开始安排与中华人民共和国关系正常化的进程。到了70年代初,支持与中华人民共和国建交的声音在美国政府部门之间越来越大,美国国家安全顾问基辛格于是在1971年拜访北京,为尼克松总统在1972年访问中国的行程铺路。[1]

与此同时,台湾当局已经失去了大部分的"外交友邦",在国际社会里处于孤立的地位。国民党当局觉得被尼克松政府改变政策的行为背叛了,企图动员美国国会议员来扭转局势。当时台湾当局在美国国会的活动被称作"中国游说",游说对象主要是保守派的人士,因为他们在外交政策上采取坚决的反共立场。[2] 美国国会支持国民党的人士,虽然希望美国政府与台湾当局维持长久的"外交关系",但他们的努力仍然无法挽回美国与台湾当局断交的局势。美国政府决定与中华人民共和国签订两个外交公报,[3] 开始准备与中华人民共和国建立外交关系。第一个公报是尼克松总统和周恩来总理在1972年签订的《上海公报》,双方同意尊重彼此的国家主权和领土完整,美国正式承认所有中国人希望一个统一且不分开的中国。第二个公报则是1979年正式建立外交关系时所签订的《中美联合公报》,正式宣布美国和中华人民共和国开始正式的外交关系,并承认中华人民共和国政府是唯一且合法的中国政府。[4] 美中在1982年签订了第三个公报,不但再次确认之前所签订的公报内容,还表达了美国逐渐减少对台军售的共识。这三个公报记录着美中关系的进展,也显示了美国与国民党当局

---

[1] Kissinger, Henry, 1979, An Invitation to Peking, "The Journey to Peking," *White House Years*, pp. 684-787. Boston: Little, Brown and Company.

[2] Stanley D. Bachrach, 1976, *The Committee of One Million: China Lobby Politics, 1953-1971* (New York: Columbia University Press).

[3] Holdridge, John H, 1997, Buildup to Full Normalization, pp. 165-178. *Crossing the Divide: An Insider's Account of Normalization of the U. S.-China Relations* (Lanham: Rowman and Littlefield Publishers Inc).

[4] Harding, Harry, 1992, Progress toward Normalization, pp. 75-81. *A Fragile Relationship* (Washington, D. C.: The Brookings Institution).

渐行渐远的"官方"关系。①

之后，在美国国会中与人权有关的议题兴起，又开启了美国和国民党当局之间关系的另一个转折，因为这个议题给在美国支持"台湾独立"和人权的中国台湾人团体一个新的施力点。一旦这群人从此一切入点参与游说美国国会的行列，以外交行政部门为首的国民党政府和支持"台湾独立"的移民团体就会在美国国会形成对峙。当时国民党当局面临着在国际社会里逐渐孤立的情况，急需美国国务院的支持，而美国国务院的反应是要求国民党改善台湾的人权记录，支持人权的普世价值，借此赢得国际社会和岛内人民的支持。在这个过程中，即使美国与台湾之间没有名义上的"外交关系"，美国行政部门和立法部门也与台湾保持着实质上的互动。美国国务院和国民党之间的低调"外交手法"，以及美国国会对岛内反对势力的支持，也都对国民党当局在台湾的统治方式产生了牵制效果，并间接促成了日后的民主改革。

总之，这些细致、幽微而且多元的"外交手段"和政治考量，为从事跨国独立运动和人权活动的行动者设立了一个基本的架构，身为美国未来公民的新移民既可作为某特殊政治利益的发声管道，也可作为美国外交政策中的一个执行角色。即使他们的美国公民身份完整程度不一，他们在跨国活动里的重要性也主要是由美国主权在地域政治上的需求来决定的。不过，这个架构的实际运作并不平顺。事实上，在美国也有来自台湾但不支持"台湾独立"的移民，还有其他广泛定义的华裔人士，在对台政策上他们关心的议题与立场不同，对美国政府的诉求也不同，因此在国会里他们还会产生相互对峙或合纵连横的复杂互动。

---

① Ross, Robert, 1995, Renegotiating Cooperation: Renewed Cold War Tension and U.S. Arms Sales to Taiwan, p. 197. *Negotiating Cooperation: The United States and China, 1969-1989* (Stanford, California: Stanford University Press).

第五章 中国台湾移民参与美国政策的学习曲线

（二）美国公民身份的跨国政治行动力

1. 美国公民身份所赋予的权力和权利

移民在美国争取美国公民身份却又回头从事母国的"独立运动"，其实是一件自我矛盾的事。在某种程度上，这样的移民社群不免要重新定义美国公民身份，否则无法合理化其矛盾；至少，美国公民身份已经不再是他们所追求的目标，而是具体实践其政治诉求过程中的一个步骤。基本上，他们是企图利用美国战后在全球的霸权地位，再运用美国外交政策中的民主和人权论述来合法化其"独立运动"，最后再透过美国的外交政策辩论，来增加"独立"实现的可能性。这些政治行动者所拥有的美台双重身份就像是一个可任意进出美国和台湾政治的通行证，在美国，他们扮演台湾反对势力的代言人，在台湾则变成鼓吹"台湾独立"的美国人。善用美国对台政策"策略性模糊"的政治机会结构，这群人扩大了美国公民身份的定义。不管是在美国还是在台湾，他们都策略性地选择自己公民身份的内容，所以他们的身份内容与一般不从事跨国政治行动的公民并不相同。为了让少数看起来像多数，这群行动者并不是建立一个行动团体，而是分散成各种职业团体、妇女组织、宗教团体，然后在活动时将"台湾独立"作为不同团体的共同诉求，展现了市民社会公民身份的多重主体性，并留下他们代表政治多数的印象。除了表达一般美国社会对种族、性别和阶级平等的诉求外，这些行动者还加入了对"台湾独立"的"国"族想象，还表现出美国公民身份内容的流动性。

2. 从留学生到持有双重身份的公民

第二次世界大战后，在美国参与跨国政治的台湾人大都是留学生。他们出生于1920年到1940年间，多半来自台湾南部，彼此之间对台湾族群的认同与想象也十分接近。他们的母语是福佬话，亦即闽南语，在文化认同上则因为接受日本教育而较亲日，并且对日本在台时期的现代化建设留下很好的印象。在日本殖民时期，他们的家族多半是地主阶级或从商，所以他们的父辈中有不少是地方的士绅或是精英分子，很多甚至还有留学经验。但是，一到了国民党在台湾进行土地改革和高压统治之后，这些家族就失去了土地所有权和政治影响力。相似的家庭背景和意识形态使得他们的政治立场一致，在美国参与政治活动时也很容易凝聚在一起。事实上，在家庭的影响之下，这群学生很早就受到政治方面的启蒙，在美国读书时就经常参与或组织校园示威活动，并四处张贴海报来表达他们对美国对台湾政策的不满。那时，这群留学生还没有美国公民身份，所以美国法律并未赋予他们任何公开抗议美国政府的权利，美国政府也没有义务理会他们的诉求。但是他们的活动还是得到了校园刊物的注意，纷纷发文报导他们的活动；就台湾留学生的跨国活动而言，这些文章成为最早的文献记录。为了聚集更多在政治理念上志同道合的台湾留美学生，一些较具企图心的学生开始组织同乡社团，因为在同一个名字之下定期举办活动可以维持他们之间的集体性并持续招募新人。1960年，散落在各州的同乡社团更进一步结合，成立了美国福尔摩沙社团，也就是后来的台湾同乡会。① 这些组织在招募与筛选新会员时，特别强调对家乡的认同；这对一般对政治并无特别兴趣的留学生也能产生吸引力。因为乍到美国并开始与美国人互动之后，所有留学生都立即在美国社会里体会到自己的格格不入，而这些同乡组织等于是留学生和新移民适应环境的互助团体，为他们提供了一个可互相扶持的社会网络。

不过，到了1970年左右，台湾同乡组织的跨国政治性逐渐加强，同乡情谊开始被台湾岛内的民族主义所笼罩。会员之间所使用的闽南话②已不

---

① The historical narrative in this section is constructed from a collection of community organization publications, activists' memoir and biography work published by vanguard publications and informal conversation with activists during the year 2004-2006. Specific information will be cited in the subsequent footnotes.

② Hoklo refers to people having ancestry from the southern part of Fujian Province in mainland China. The Hoklos speak a variant of Min Nan as their native language and are the largest ethnic group in Taiwan.

第五章 中国台湾移民参与美国政策的学习曲线

仅仅是熟悉的母语,更进一步成为代表身份与区别他我的符号。这些同乡组织不但在美国校园中招募新来的留学生,还向住在郊区的台湾人社群招手,并说服他们参与组织所筹划的各种政治活动,包括用以宣传政治理念并争取同情的静坐示威,或到台湾当局驻美"办事处"前面大声抗议。组织中的核心分子还会提供教育训练,并发行刊物来流传分享他们参与活动的经验。此外,他们也积极地联系来自台湾但散居四处的新移民,以及拉拢一些同情其政治理念的美国人士。一次又一次的政治活动取代了以互助功能为主的小聚会,其目的是要创造一种集体经验,并借此提高组织的内聚力和政治理念的强度。

至于以留学生为主的校园政治活动则朝不同的方向运作。主要的活动是成立读书会,借此建立与统一政治论述的内容;并且频频在校园刊物上发表关于政治迫害、人权和自决等议题的文章。因为这些议题针对的是当时许多殖民国家所面对的政治现实,他们的文章还颇受欢迎。以 Illha Formosa 和 Appeal for Appeal 中的文章为例,它们多是使用英文来写成,并大量借用 20 世纪五六十年代流行的西方哲学术语,[①] 将其套用在他们所想象的"台湾国族"之上。很明显,这些活动的目的是对外宣传,以寻求外界的支持;因为殖民论述是当时校园的流行语言,所以宣传效果不错。事实上,这个策略还一直沿用至今。

随着台湾留美学生人数的增加,这些具有政治色彩的学生社团很快地扩张成为一个全国性组织,分别在美国 9 个州设有活动分部。1966年,学生领导人正式将"美国"这两个字加入他们的社团名称之中,这个改名的动作等于是一个公开的声明,清楚地表达了他们在美国建立永久性政治行动网络的意图。在 1966 年底的一次全国性演讲之后,新招

---

① The Role of UFI in North America Taiwanese Independence Movement. The article is narrated by Yan, zong-chang, and written by Liu, qing-bai; Origin of North America Taiwanese Independence Movement, 3F and UFI, 2000: 34-35. A History of World United Formosans for Independence. Vanguard Publication.

募的会员人数暴增，该组织于是从一个区域性的400人社团变成全国性的4000人社团。① 为了增加他们的政治动员能力，社团领导人鼓励台湾留学生毕业后留在美国，并集中起来搬到纽约（联合国所在地）和首府华盛顿（美国的政治中心）一带，因为只有在这两个城市，一群人数有限的台湾政治行动者才有机会接近并影响美国外交的讨论与决策圈子。

不过，在像这样一个同质性高的小社团里，还是不免会因学生的学科训练专长而出现明显的分工现象。在起始阶段的政治动员里，台湾留学生花了很多时间将他们的"台湾自决"的政治理念予以理论化和合法化。这个过程多半是由具有社会科学背景的学生所主导的，他们利用课堂上所学到的知识，尤其是关于人权、民主和公民权利等的政治论述，对台湾政情进行阐述，以合理化他们的主张。他们也将长篇大论的政治哲学论述简化成一连串的政治口号，好让其他就读理工和生物科系的台湾学生能够复诵。简单、明了又容易记忆的政治口号在组织动员的运作上十分重要，而且套用西方政治思想的语言也容易引起西方听众的共鸣。

以关于"台湾国际政治地位"的论述为例，这些政治行动者的策略是依照1951年的旧金山和平条约来提出解释的，指出台湾的"主权地位"尚未被决定，② 这个强调"主权"存在条件的论述方式，为他们的政治行动提供了一个法律基础。此一"台湾地位未定论"更进一步衍生出他们的政治主张，台湾从来都不是"中华民国"或是中华人民共和国的一部分。在这个论述脉络中，国民党被解释为外来政权，是在

---

① History of the United Formosans in America for Independence, UFAI, A History of World United Formosans for Independence. Vanguard Publication.

② Taiwanese American Activists' political statement concerning the San Francisco Peace Treaty and Taiwan's International Status can be found in the news articles, Central News Agency, 2006/09/09 and the publication of The 50th Anniversary of the San Francisco Peace Treaty, 2002/4/2. Taiwanese American Association, South California.

第五章　中国台湾移民参与美国政策的学习曲线

未经台湾人民同意的情况下统治台湾的，所以其政权缺乏正当性。因此他们提出一个结论，台湾人应该有权决定自己的命运。① 在这个基本论述成形后的60多年里，虽然会员人数一直呈现出稳定增加的态势，但这个论述的内容几乎不曾有什么显著的更动，一直在理念相同的社群之间流传。另一方面，因为论述已定调以及人数上的优势，理工科系和生物科学的留美台湾学生逐渐掌握社团组织的实际领导权，他们不见得能整理出新的论点，但活动精力与执行力却很旺盛。他们能有效地运用较现代化的管理方法来掌控预算和组织动员，同时积极地在美国社会中找寻任何可以进行抗议活动的机会。譬如他们就发现美国的国际棒球赛事提供了一个不错的活动场合，因为美国棒球比赛会立即在台湾转播，所以他们在观众席上的行为有机会突破台湾当局对"独立运动"消息的封锁。② 他们可以动员一大群人去观赏球赛，穿着支持"台湾独立"的衣服，举着支持"台湾独立"的政治标语。国民党官员到美国访问时，他们则如影随形地在媒体面前抗议，这个动员策略最常选择台湾"北美事务协调处"的门口作为他们政治集会活动的场地。

3. 美国公民身份的优势

因为公民身份的不同，持有美国护照的跨国行动者发展出一条独特的政治运动路线。首先，他们可以在戒严时期公开地支持"台湾独立"。一般岛内的反对势力则因为没有美国公民身份的护持，在反对台湾当局时只能选择从工人权利、环境保护、性别平等和社会福利等民生议题着手。换言之，在论述发言权上，这些跨国行动者就占了先机。其次，这群跨国行动者还可以分享他们的美国公民身份所赋予的言论自

---

① Li, Thiao-hok, 1958, "The China Impasse: A Formosan View," *Foreign Affairs*, pp. 437-448.

② The Baseball Game Incidents, pp. 58-59. A History of World United Formosans for Independence. Taipei: Vanguard Press.

由，也因此享有了一个类似赠与者与施恩者的地位。这个分享方式是通过邀请党外人士访问美国，让这些在岛内保持沉默的人到美国宣传国民党是外来政权的论述。① 因为这些党外人士受到了美国公民的邀请，所以他们在美国的言论也间接地受到美国宪法对言论自由的保护。在某种程度上，这种跨国政治资源的分享维持了台湾岛内的独立意识形态和推动民主改革的动能。② 尤其是当党外人士被邀请到美国国会外交委员会的听证会，就台湾人权问题作证时，国民党不免会因面对美国国会的压力，而被迫开放党外人士在台湾的活动。也因为如此，这群具有美国公民身份的台湾人常以台湾民主化的功臣自居。

因为当时的美国是台湾在冷战时期最重要的安全和贸易伙伴，国民党当局当然会企图降低跨国政治行动者在美国国会游说所带来的压力，不过成效有限。最直接的办法就是试着将他们的政治活动"去合法化"，亦即将他们贴上叛国的标签，一些在台湾的党外人士因而入狱，而拥有美国身份的则被放到禁止回台的黑名单之中。因为不满美国公民遭此待遇，许多美国国会议员开始同情党外活动，并运用其政治影响力来反制国民党的"去合法化"策略，企图将党外活动"再次合法化"。他们会与国民党所谓的叛国党外人士合照，或者光临其政治集会以表达他们的支持。因为这些美国国会议员的大动作表态，国民党贴在党外人士身上的标签反而被去合法化。③

黑名单的争议不但突显出国民党和美国国会议员之间的冲突，同时也证明具有美国公民身份的台湾移民较能运用美国法律与国际法。跨国运动者控诉台湾的黑名单剥夺了他们的基本权利，使他们无法自由地离

---

① Li, Xiaofeng. 2003. History of Taiwan, pp. 87-93. Taipei: Yushan She.

② The Sources Concerning Taiwan's Democratization Process are from Hung-mao Tien 1989. The Great Transition: Political and Social Change in the Republic of China, Taipei: SMC Publishing Inc.; Yun-han Chu. 1992. Crafting Democracy in Taiwan, Taipei: Institute for National Policy Research.

③ Bush, Richard C. At Cross Purposes U.S.-Taiwan Relations Since 1942. New York: M. E. Sharpe, 2004: 204.

开和返回自己的家园,①所以这个名单严重地违反了联合国在 1966 年所通过的国际公约,尤其是第 12 条第 2 款关于公民权利和政治权利这一部分。讽刺的是,黑名单的建立虽然限制了跨国政治行动者的活动范围,却也为他们创造了一个政治空间。在这个空间里,跨国人士在美国国会的活动不但被正当化,还加强了他们在岛内反对阵营里的影响力,登上黑名单对这些具有双重身份的政治行动者来说,反而变成了荣耀的象征或为"国"牺牲的印记。在戒严法废除之后,许多旅居国外的黑名单人士在台湾机场入境时,马上受到反对阵营英雄式的欢迎。②

三 政治体制外的游击策略

(一)冲击既有体制

除了抗议和示威游行活动外,这些跨国政治行动者还参与了两次暗杀国民党高层官员的事件。③第一次发生在 1970 年,当时台湾当局领导人蒋经国到美国拜访,目的是希望从尼克松政府获得财政和军事的支持,但在行程中却发生一名台湾留学生企图枪杀他的事件。对跨国政治行动社团里的许多会员而言,蒋经国正式访问美国寻求政治支持这件事是一大刺激,他们于是在白宫前面高喊"台湾需要自由,不需要军事防御"等口号,并且一路跟着蒋经国进行抗议,还在他下榻的旅馆前

---

① Chen, Lung-Chu, Ri Higgins, Y. P. Ghai, V. Chalidze, H. A. Hassouna and S. Liskofsky. 1973. Expulsion and Expatriation in International Law: The Right to Leave, To Stay, and To Reform: A Panel, 67 Proceedings of the American Society of International Law 122-140.

② Chen, Ming-Cheng. 2000. 424 Assassination Incident. Forty Years of Overseas Taiwan Independence Movement. A History of World United Formosans for Independence. Taipei: Vanguard Press.

③ The FBI worked hard to solve the case and monitored the movement closely in later years. The community organization publication recorded this monitoring situation and showed another factor (i. e. the action of law enforcement agency) that shaped the development of new citizenship form in the U. S.

静坐。当蒋经国在纽约发表演讲时,一个在康奈尔就读的台湾学生企图用手枪枪杀他。跨国政治社团虽然否认他们参与了这个事件的预谋,但称赞刺杀行为是一个英勇的举动;许多社团会员甚至捐钱给这名刺客,协助他支付法律费用,并且承诺会在他服刑期间照顾他的家人。[1]

第二次刺杀事件则发生在1976年。一名支持"台湾独立"的会员邮寄了一个炸弹包裹给国民党的高层人士,之后,这名刺客立即在美国被捕,而跨国政治团体再次捐钱,用来在《纽约时报》买下大篇幅的广告版面,把国民党在台湾的政治压迫解释为刺杀行动的合理动机,希望能以此理由获取美国主流社会的同情。他们也安排炸弹客的姐姐去参加美国国会关于台湾人权的听证会;当她在国会作证时,公开乞求她的弟弟能免于死刑。最后,这名炸弹客在美国被判无期徒刑,并于1990年释放;释放之后,他还回到台湾,分别在1998年、2001年以及2004年的台湾当局议员选举中获得胜利。[2]

(二) 游击式的动员结构[3]

因为这个跨国运动一开始的目标是推翻当时唯一执政的国民党当局,并且采取了一些冲撞既有体制的激烈手段,所以他们早期的动员方式较为隐秘。社团领导人不但对事前的活动规划十分保密,他们也把会

---

[1] The informal conversation with the major parties involved in the incident helped the author to understand the political circumstances of the event in that period.

[2] Wang, Xing-nan, Mail Bomb Incident, pp. 69-70. A History of World United Formosans for Independence. Taipei: Vanguard Press.

[3] The sources concerning Taiwanese activists' grassroots diplomacy come from Rong-ru Chen. ed. 2001 Taiwanese American Community's Grassroots Diplomacy, Taipei: Chien-wei Press; Carole Yang. 2004. Our Stories: Life Stories of Sixteen Taiwanese American Couples. North America Taiwanese Women's Association; Catherine Kai-ping Lin. 2006. Taiwan's Overseas Opposition Movement and Grassroots Diplomacy in the United States: the Case of the Formosan Association for Public Affairs. Journal of Contemporary China 15 (46), February, 133-59; Yen-hsien Chang, ed. 2005. Self-Consciousness and Recognition: 1950-1990 Overseas Taiwanese Movement. WuSanLien Foundation.

第五章 中国台湾移民参与美国政策的学习曲线

员名册视为机密,不让国民党在美国的情报组织和美国联邦调查局发现。① 社团领导人之间还流传着一份指导手册,教导会员如何与联邦探员应对才能避免被指控,以及如何善用美国公民身份所赋予的权利来保护自己。这些策略可以降低官方机构的调查成功率。

为了进一步隐藏社团的政治企图,其领导人还鼓励会员去参与其他台湾人的组织,特别是一些组织章程里不含政治性质的组织。这样做除了可以淡化社团成员的个人政治色彩外,还可以扩张社团的网络,或是借着渗入其他非政治性的移民组织,将它们导引到具有类似政治理念的方向。其中几个会员甚至成功地成为其他非政治性移民组织的领导人,可以支配、控制这些组织的活动和资金。② 正因为如此,许多移民组织即使在名称上与政治毫无关系,但是却悄悄地起着政治动员和结盟的功能。这些表面上为非政治性的组织包罗万象。台湾同乡会(Taiwanese Association of America, TAA, 1971)宣称,其目的是要在美国保存台湾文化;台湾人权促进会(Formosan Association for Human Rights, TAHR, 1976)则专注于营救政治犯;北美基督教联合会(Taiwanese Christian Church Council of North America, TCCNA, 1976)原本以组织台湾人在美国的教会活动为主要目的;至于北美台湾医生协会(North America Taiwanese Medical Association, NATMA, 1984)则是促进来自台湾的医疗工作者之间的交流;北美教授协会(North America Taiwanese Professor Association, NATPA, 1980)的成立宗旨是扩展科学和专业知识;提倡台湾移民的两性平等则是北美台湾妇女协会(North American Taiwanese Women's Association, NATWA, 1988)的宗旨;至于北美台湾工程师协会(North America Taiwanese Engineers Association, NATEA, 1991)则企

---

① An instruction manual — what you can do to protect your rights when questioned by FBI agent was widely circulated among the activists.

② WUFI and Taiwanese Organizations, pp. 61-64. A History of World United Formosans for Independence. Taipei: Vanguard Press.

图推动移民专业人士的合作。这些组织平常看似各自独立运作，但是，一旦发生重要政治事件，它们则会迅速地发布联合声明来表达对特定事件的共同立场，或集体发动一人一信的抗议，或一起组织街头示威的活动。

这些移民组织在平时似乎不带政治色彩，却内藏着可在极短时间内展开政治动员的潜能，并且为跨国行动者提供许多不同的身份作为掩护。他们可以使用的身份包括台湾移民、人权运动者、基督徒、医疗人员、大学教授和女性等；至于何时该选择哪一种身份或行使该身份所赋予的权利，则是依照当时行动的需求来决定的。跨国行动者实际上进行政治活动的场域，也因此扩及移民组织、人权组织、教堂、医院、大学和托儿中心等。在某种程度上，这个身份的多变性和弹性挑战了打算以"国家体系"标准化与定型化移民族群的企图。在移民法案里，所有来自台湾的移民都被归为一个族群单位；但在现实的跨国政治行动里，他们所使用的公民身份内容却有极大的变异。同时，他们的政治行动也不是以一个单一族群为名义，而是通过人权运动分子、基督徒、医疗人员、科学家、学院教师和女性等发声。这个策略突破了移民法案对移民活动的约束与限制，将他们的政治行动扩散在美国社会的各个阶层之中，他们在美国行动的能量也因此能够延续。

在这许多表面上为非政治的组织之中，教会提供了一个安全的避风港，尤其是当政治行动者与政府发生冲突时。这是因为教堂在制度上提供了一个信仰至上的论述空间，而这个空间有时是与反对政府的意见空间相互重叠的，而且在信仰自由的保护伞下，它相对地不受国家公权力的干涉。这使得教会在跨国政治运动中经常扮演着重要的角色。1976年，教会曾协助这群来自台湾的政治行动者成立人权促进会（Formosan Association for Human Rights, FAHR）。此会与国际特赦组织合作，在德国、新西兰、美国和日本也都有联络办公室；他们企图从多方面同时施

第五章 中国台湾移民参与美国政策的学习曲线

压,要求国民党释放政治犯。①

总结来说,这种看似分散却可立即聚集的动员机制,要靠行动者先分散隐藏到各种非政治性组织,像宗教集会、医疗服务团队、妇女组织、人权组织和职业组织等中,之后再借着行动者之间的人际关系网络把这些组织串联起来。这个策略可协助这些政治行动者隐身在美国社会的各个阶层里面,避免他们受到国民党情报系统和联邦调查局的注意。这个动员机制的启用也反映出这群政治行动者的生涯转变。他们从年轻的示威运动者转化成为成熟的美国公民,许多人甚至还进入美国国家机器的场域工作,例如大学、国家实验室和医院。也因为进入美国的国家体系,他们的政治修辞开始出现修正;原本以台湾为中心的论述开始把重心转移至美国,并大量复述人权和民主等议题。换言之,发展中国家的后殖民论述已不再是他们所复制的语言,取而代之的是美国宪法的语言;重点放在美国,应该将美国的价值散播给台湾人民,而非国民党在台统治上的合法性。当他们高举美国在世界支持人权的责任这面旗帜,并视自己为传递美国价值到台湾的使者之后,他们与台湾的反对人士之间就出现了议题上的不同,因为在台湾的党外人士仍然倾向于强调本土社会内族群之间的差异性,而非提倡普世价值。

(三) 美国主流社会中的非政治机构

在前述的动员机制下,跨国行动者实际进行政治活动的场域分散到许多看似非政治的机构之中,但也因此获得更多运作的空间。以下将对其中几个重要的机构做完整的介绍。

---

① Directory of the Taiwanese and Taiwanese American Organizations. Formosan Association for Human Rights Inc. (FAHR), Center for Taiwan International Relations, June 20. 1994. Other organizations that were not discussed in this chapter include the Society of Taiwanese Americans (1993), Taiwan Hakka Association for Public Affairs in North America (1991), Taiwan International Alliance (1992), Taiwan American Hotel/Motel Association (1989), Taiwan Import/Export Association (1989), and Taiwanese American Foundations such as Dr. Kang-Lu Wang Memorial Foundation (1994), Professor Chen Wen-Chen Memorial Foundation (1982), Taiwan Foundation (1985) and Taiwan Care, Inc. (1987).

过河卒子：美国全球战略布局下的华人移民

1. 教会

教会之所以会成为跨国政治运动中的重要场域，是与美国外交政策开始重视人权议题①有关的。在过去的历史中，当人民与政府对立时，基督教或天主教的教堂经常成为庇护人民的场所，并建立一个公共空间给批评国家暴政的异议言论。事实上，在西方教会与国家之间一直存在着一个潜在的冲突，即基督教的神圣经典提供了另一套律法与想象的理想国度，所以基督教教义有时可以有效地质疑国家的暴政，成为一股推动社会变迁和政治改革的力量。在20世纪七八十年代，教会就对许多国家的当代政治产生了影响，许多基督教神职人员甚至转变为反对军事戒严压迫的领导人。② 当时的台湾也处在军事戒严阶段，人民的言论和思想自由受到许多的限制；支持"台湾独立"的言论更是受到极大的打压。对许多在南台湾基督教家庭长大的异议人士而言，教会不但是最佳的庇护所，还可变成一个有力的施压团体；通过他们在教会里的积极参与和引导，教会逐渐担当起推动台湾言论自由和民主改革的角色。

虽然教会在台湾经常扮演着传播西方政治思想和宗教理念的重要角色，③ 但是它也积极地融入台湾当地的生活。19世纪，英国长老教会的

---

① The Sources Concerning Human Rights and Foreign Policy Come from Julie A. Mertus, R. B. J. Walker, Richard Falk, Lester Ruiz, eds. 2004. Bait and Switch, in Human Rights and U. S. Foreign Policy. Taylor & Francis, Inc.; Marc J. Cohen. 1988. Taiwan at the Crossroads: Human Rights, Political Development and Social Change on the Beautiful Island. Washington D. C.: Asia Resource Center.

② S. P. Huntington, *The Third Wave: Democratization in the Late Twentieth Century* (University of Oklahoma Press, 1993).

③ The Sources Concerning Taiwanese Activists' Perspective on Human Rights, Democracy and Religious Organizations Come from Formosan Christian: Overseas Formosan Christian United States; Taiwan Christian United Press of North America; The Presbyterian Church in Taiwan Under the Cross. For an explanation of how the Presbyterian Church has combined Christianity and political dissent, see Chen Nanzhou 1991 Taiwan Jidu Presbyterian Church de Shehui Zhengshi Linli (The social and political moral principles of the Changlao hui. Taibei: Yongyuan wenhua.) on the church's political activities, see Christine Louise Lin 1999. The Presbyterian Church in Taiwan and the Advocacy of local Autonomy, Sino-Platonic papers # 92. Philadelphia: Department of Asian and Middle Eastern Studies, 69-90.

第五章 中国台湾移民参与美国政策的学习曲线

Dr. James Laidlaw Maxwell Sr. 和加拿大长老教会的 Dr. George Leslie Mackay 等人就来到台湾并创立教会。① 日本殖民当局和国民党当局都曾大力压制非官方语言的使用，长老教会为了吸引当地民众成为基督徒，还是坚持提倡用地方方言（包括闽南话和原住民母语等）来传教。此外，长老教会也致力于保障当地的人权与照顾弱势者的生活，也是最早在台湾提倡原住民权利的机构。在当时国民党专政的政治环境下，许多教会选择支持与当地民众关系较为亲近的党外活动。②

到了 20 世纪 70 年代，与党外人士亲近的长老教会领导人公开发表了三个自决宣言，支持台湾岛内的党外政治。1971 年的 "Recommendations and Declarations on National Affairs" 宣言，算是第一个在国民党统治时期由民间提出的自治要求。1976 年，"台湾自决"的文字再度出现在 "Open Appeal" 这个宣言之中，其中提到宗教自由和自决是基本人权，并主张只有台湾人民有权决定自己的未来。第三个宣言是在 1977 年所提出的 "A Declaration on Human Rights by the Presbyterian Church in Taiwan"，目的是呼吁美国总统、其他国家领导人以及世界各地的教会伙伴等，能够共同为"台湾的独立"和安全挺身而出。③ 对生活在戒严时期的台湾人而言，这些宣言可说是前所未闻的。在长老教会的礼拜活动中，宣言被大声地诵读，感动了不少支持反对阵营的教徒。

至于已经移民美国和加拿大的长老教会教徒，与台湾的长老教会仍然保持着紧密的联系。虽然他们在移入国所参加的教会大多隶属于美国

---

① Taiwan Communiqué, August 1983, p. 5.
② 台湾的教会基本上反映了台湾政治的情况。第二次世界大战后从祖国大陆搬迁来台的基督徒，像蒋中正及其夫人所属的教会，基本上采取支持国民党的态势，担任领导人精神导师的责任。在台历史悠久的长老教会，则长期在地方耕耘，与当地乡绅父老有着紧密的互动关系。国民党来台后，不同的教会组织选择用不同的方式竞争在台基督教信徒中的影响力，这中间多次爆发教会选举的领导权之争，以及与国民党当局在地方上影响力的竞争。文中所提的长老教会是教会组织中比较热衷于台湾"独立运动"和跨国政治运动的教会组织。其他相对政治性不强的教会组织，多在台从事山地医疗、救助贫困、协助弱势学童就学和专注于基督教经典的导读。
③ The Original Text Can Be Found in Taiwan Communqué, August 1983, pp. 6-7.

长老教会系统（the Presbyterian Church, USA）或加拿大长老教会系统（the Presbyterian Church in Canada, the United Church of Canada），但他们的聚会还是用闽南话来传递福音；至于他们所使用的礼拜仪式和其他活动，也沿袭着早年传教士在台湾长老教会内所制定的当地传统。虽然看似与移入国当地的教会系统相脱节，但当台湾的长老教会领导人和教徒因为窝藏政治犯而被国民党逮捕时，美国和加拿大的长老教会立即出面，要求美国政府向台湾当局施压，希望那些教徒们能够获释。因为政治理念一致，这些教徒被长老教会视为基本人权应受到特别保护的政治犯。美国的长老教会就多次派代表到台湾，对台湾言论自由的程度、政治犯审判的过程，以及政治犯在狱中的健康状况等问题做深入的了解；因为这些关注，许多反对人士在狱中得到比较好的待遇。

至于发表三个宣言的长老教会领导人，也先后受邀到美国和加拿大等地进行巡回演讲；此一通过教会的全球分布系统所建立的论述流通管道，反而成为这群中国台湾移民跨国政治运动者的得力助手，甚至是招募与动员会员的利器。这些教会的布道者擅长将上帝的语言、基督教神圣的经典和政治语言糅合在一起；每当他们把基督徒的苦难和台湾人民的悲情连成一片苦海，号召所有基督徒奋起，齐心协力来救赎受难的台湾时，全场的台湾移民经常是涕泗横流，哭声与愤慨声此起彼伏。在结束时，他们会呼吁美国总统和其他国家领导人遵行上帝的旨意，让台湾独立自决其"国际地位"。

2. 学术机构

除了教会之外，另一个具有论述的权威优势，也完全受到言论自由保护的场域，就是美国的学术机构；[1] 因此当跨国政治行动者进入美国学术机构工作，可以用学者之名发表政治言论时，自然不会错过使用其职业所代表的知识权威来合法化与流通其政治言论。他们不但被当作政治运动的最佳代言人，而且他们在美国国家体系内工作的身份也带给他

---

[1] This Source Comes from the North American Taiwanese Professors' Association publication.

第五章 中国台湾移民参与美国政策的学习曲线

们一些特殊的权利,例如,他们的身份可以让他们与美国和台湾官方人士进行直接沟通,或在美国国会人权听证会上被视作较值得信任的证人或报告者。一群从事医学和自然科学研究的学者因此摇身一变,成为美台关系的政治观察家;他们同时利用无国界专家和双重国籍公民的身份,成功地将他们的学术成就转化成跨国政治资本,并将其投注于台湾的党外活动之上。

台湾的"美丽岛事件"可说是一个凝聚台湾美籍教授参与跨国政治的转折点。在这个事件之前,大部分的台湾美籍教授只是偶尔参与一些零星的活动,但在"美丽岛事件"之后,他们开始有组织、有计划地进行跨国政治运动。

"美丽岛事件"的发生使许多原本不涉足台湾政治的民众开始热切地关心党外政治活动的发展情况。1979年夏天,《美丽岛》杂志与《八十年代》杂志两个反对党刊物开始发行;到了秋天,它们公开讨论台湾缺乏民主和自由的内容开始受到大众的回响。在这一年12月10日的国际人权日当天,一些原本在聆听政治人物演讲的群众与国民党军警爆发冲突。从反对人士的立场上,这个事件很快成为悲剧事件。国民党政府用这个事件作为借口,大举搜捕反对党人士;当天演讲的吕秀莲和她的同僚在事件后被逮捕,而许多关于他们在狱中所受待遇的报导相继流出。1980年2月,林义雄被置留狱中并遭到殴打;他的母亲在访视时看到他的情况之后,立即通知国际特赦人权组织大阪办公室。隔天,林义雄的母亲与双胞胎女儿在家中遇刺身亡,仅林先生的长女幸存。尽管当时林家受到政府24小时的监控,政府却公开表示不知道这个事件是如何发生的。[①]"美丽岛事件"及其后续发展令许多台湾民众再也无法对台湾政治现状继续保持沉默。对国民党不满的人士在"美丽岛事件"后的审判期间开始对狱中的党外人士伸出援手。1980年3—4月之间,吕秀莲和她的

[①] Funeral for Lin Yi-Hsiung's Mother and Daughters, Taiwan Communqué 18, February 1985, pp. 1-2. Published by International Committee for Human Rights in Taiwan.

同僚在军事法院受审，判决结果是 12 年到终身监禁；[1] 到了 5 月，33 个参与 12 月 10 日活动的反对党人士在一般法院受审，刑期从 2 年到 6 年不等。之后，还有 10 个参与窝藏反对人士的长老教会教徒遭到逮捕，其中高俊明牧师被判刑 7 年。除此之外，与杂志有关的 15 个文字工作者和学界人士也遭到逮捕，国民党政府还使《美丽岛》杂志和其他 14 个出版物停刊。这个事件吸引了中外媒体的注意力。在美国和台湾岛的政治行动者于是决定采取更多的抗争行动。许多现今民主进步党的领导人其实都是当时这个事件的参与者，他们要不是受审的被告，就是担任为被告辩护的律师。而在美国的台湾移民教授或学者们也开始组织动员起来，帮助这些台湾的政治犯申请进入美国的大学就读，并提供奖学金；吕秀莲和林义雄后来都拿过北美台湾人教授协会的奖学金。

北美台湾人教授协会（North American Taiwanese Professor's Association，简称 NATPA）是 1980 年于美国伊利诺伊州注册的，第一任会长是台湾美籍从事生物医学研究的芝加哥大学教授，[2] 一开始即有 137 个台湾美籍教授和美国本土出生的学者加入。他们在美国《华盛顿邮报》购买了广告版面来发表公开声明，抗议国民党用"美丽岛事件"消除在台湾岛内的反对势力。几年后，这个协会的会员人数扩张到 494 名教授，在美国 11 个州有分会。他们长期动员会员写信给美国政府官员，希望他们适时地介入台湾政情；也不时地在主要报纸上购买广告版面，公开谴责台湾当局的行为。每当有重要事件发生时，他们则与美国政府机关和非政府组织合作，以美国和台湾的双重身份，争取到在双方之间担任沟通中介的角色。[3]

在所有跨国政治组织中，北美台湾人教授协会是少数几个能与国民

---

[1] Lü, Annett. 1979. Taiwan's Past and Future. Taipei: Tuohuang Zhe. This book detailed her thought and observation of political activities in Taiwan.

[2] A Decade of NATPA, 1980-1990, pp. 2-3. Published by North America Taiwanese Professor's Association.

[3] Lao, Shu-zong, and Zhu, Zhi-bin. A Decade of NATPA, 1980-1990, p. 2.

第五章 中国台湾移民参与美国政策的学习曲线

党高层成功建立沟通管道的组织之一。在与第一任会长的访谈中,他提到,他曾多次回台与国民党官方人士见面,提出将威权统治改为民主体制的建议。因为台湾当时急需专业人士参与现代化的建设,① 许多北美教授协会的会员受到美籍专业人士的礼遇,受邀参与当局的计划。他们不但与国民党官员讨论较敏感的政治议题,也与具有影响力的党外人士见面,并将民间的心声传达给国民党官方人士。国民党官方人士了解他们对跨国政治的热诚与影响力,他们与美国政府的关系也不容小觑,所以并不排斥与他们建立良好的关系。② 对北美教授协会的人士来说,他们认为,与国民党之间建立沟通的管道,是一个改善台湾政治压迫情况的可行途径。其中一个会员甚至曾向国民党建议将"中华民国"改成"台湾共和国",国民党方面的回复是会慎重考虑,并请教授们继续参与台湾建设。在当时的政治氛围中,若是一般人提出类似的意见,很可能就会变成狱中的政治犯,还需要国际特赦组织的营救。

除了出面帮助台湾的党外人士外,教授协会也会在美国筹办组织一些活动,利用公开场合来邀请这群人到美国演讲,例如定期举行以"台湾人意识"和"国族主义"为名的学术会议。在这些场合里,台湾的反对人士可面对面地与美国学者表达他们的"台湾国族意识",以及他们建立"台湾共和国"的企图。因为其身份地位与论述权威等方面不同于其他的政治运动组织,北美教授协会偏好利用广告来公开影响民意,或直接游说美国国会,或面对面地与国民党官员沟通;抗议、游行

---

① The sources concerning modernization and industrialization project come from Ezra F. Vogel. The Four Little Dragons: The Spread of Industrialization in East Asia. Cambridge, Massachusetts: Harvard University Press, 1991; Peter Evans. Embedded Autonomy: States and Industrial Transformation. Princeton: Princeton University Press, 1995; Meredith Woo-Cumings ed. The Developmental State, Ithaca: Cornell University Press, 1999.

② The R. O. C. Overseas Chinese Affairs and National Scientific Council made attempts to recruit these Taiwanese professionals to join the modernization project in Taiwan. Some government officials also built contact with the communities with the hope to win their political support.

和静坐等方式已不再是他们所采取的路线。不过，在批评国民党时，他们的修辞内容和表达形式采用较迂回的策略，把重点放在政治改革而非要求"独立"上。此外，可能是因为各自的研究兴趣，也可能是因为需要维持其各自的专业形象，他们有时会把关注的触角伸向医疗保险、环境保护和经济发展等民生议题之上。

因为对美国和台湾当局能发挥一定程度的影响力，这群教授擅长在政府的决策或施政过程中，利用一方来牵制或协助另一方，有时还因此做出了积极的贡献。例如，当他们在获知国民党当局计划向美国购置核能电厂设备来解除岛上缺电的危机时，北美教授协会立即联络美国的核能管制机构，调查这些设备的安全性和经济效能等相关资讯；他们发现，台湾即将购买的装备其实已经过时，甚至有些美国政府机构还私下认为，这个采购案有可能对台湾人民和环境造成危险时，他们立即发表评估报告，建议台湾当局放弃这个采购计划。[1] 另一个例子则是陈文成命案的调查。陈文成是北美台湾人教授协会的一员，在回台期间受到警备总部的约谈，之后就从台大图书馆楼上掉落死亡。台湾当局对死因的说法是畏罪自杀，但北美教授协会不采信这个说法，决定另聘请法医和专家进行调查；他们也设法请美国国会议员介入此事。根据美国国会的报告，造成陈文成死亡的原因之一是国民党在美国监控台湾美籍人士所造成的压力；此报告建议在"与台湾关系法"中须注明外国政府在美国领土上的监控行动是违反美国法律的，会对美国领土上人民的人权造成损害。如果台湾当局再有类似的举措，美国将考虑停止对台军售。

四 美国政治体制的驯化作用

在美国活动几十年之后，这些跨国政治运动者的活动模式持续地发

---

[1] A Decade of NATPA, 1980-1990, p. 4. North America Taiwanese Professor's Association.

第五章 中国台湾移民参与美国政策的学习曲线

生了一些演化。他们逐渐摆脱街头抗议等方式，也不再局限于一些需要掩人耳目的策略，因为他们发现，美国公民身份其实可以作为进入美国政治机构大门的钥匙。更具体地说，他们可以以一个利益团体的角色，正式地走进美国国会殿堂，参与影响与游说国会议员的活动。但这个变化也有另一个意义，这就是他们已几乎完全拥抱了他们的美国公民身份，学习以美国人的角度来发表论述或部署行动，并需要学会把美国的利益摆在最优先的位置上。他们原本模棱两可的特质反而因此减弱，其身份也越来越朝美国这边靠拢。

20世纪80年代，跨国政治运动者过去对美国国会的游说终于获得一些初步成果，从此他们就更热衷于进入美国国家的政治体制。当时有四个美国国会议员对台湾的民主和人权改革议题特别感兴趣，他们是参议员 Clairborne Pell（D-RI）和 Edward Kennedy（D-MA），以及众议员 Stephen Solarz（D-NY）和 Jim Leach（R-IA）。1984年，众议院的亚洲和太平洋委员会举行了一个关于台湾戒严法的听证会，[1] 提案表示国民党当局应该释放政治犯，并制定相关法案来保障基本人权；[2] 到了1986年，参议院的外交关系委员会就通过了参议院46号提案，表达希望国民党政府废除军事戒严法。这些外交政策制定的幕后其实隐藏着跨国政治运动者多年的游说尝试与努力。

在进行游说行动之前，政治运动者必须先展开一些工作。首先，他们要筹措选战资金，以协助政治理念相同的美国国会议员当选。同时，他们也要学习如何使游说内容能被人接受。在理论上，在学会修辞学技巧之前，他们要先熟悉游说的基本原则，亦即要在既存法源中找到他们

---

[1] The Text — Concurrent Resolution, Expressing the Sense of the Senate Concerning Martial Law on Taiwan can be found in Taiwan Communiqué, June 1983, pp. 10, 11-19, there are congressional press statements by Senator Edward M. Kennedy (D-Mass), Senator Claiborne Pell (D-Rhode Island), Congressman Jim Leach (R-Iowa), Congressman Stephen Solarz (D-New York).

[2] House Concurrent Resolution 344, Expressing the Sense of Congress Concerning the Need to Achieve Full Democracy in Taiwan. Taiwan Communiqué, August 1984, p. 14.

论述的依据。跨国政治运动者最常引用的法律是联合国的自决条款（June 26, 1945），借此合法化他们的政治主张；其中的第一条第二款就特别陈述了联合国对平等和自决权利的尊重。① 另一个被他们拿来当作靠山的法律是旧金山和平条约（September 8, 1945）；他们认为，这个文件可提供"台湾人自决"的法律基础，因为这个条约并没有提到目前台湾的"主权合法性"是如何被授与的。

另外，教导学员游说国会的行为准则和内容也是重点工作之一。社团领导人通常会印行一些关于如何与美国国会打交道的小册子，被动员参加游说的政治运动者会带着这些文件到美国议员办公室，模仿这些文件提供的修辞公式，诠释一遍他们心目中的美国外交政策。在离开国会之后，他们还会用电话确认自己是否已成功地向美国国会议员传达讯息。不论游说成功与否，当他们回到台湾时，他们可以摆出"大使"的姿态向国民党官员分享与美国国会议员见面的心得，甚至代表美国国会议员向国民党官员问好。

这种非正式的外交手段一般被称为"草根外交"，其可能性建立在美国开放多元的政治体系上。它与台湾当局"外交行政机构"的"正式外交"相较，所选择的法律文件不但不同，释义的方式也不一样，但在由不同政党与理念所组成的美国国会里面，则可以各自找到靠山。除此之外，依照美国宪法的规定，制定外交政策的权力分属于美国国会和美国总统。而此一分立又产生了一个容许"草根外交"发展的空间。一般而言，美国总统或行政部门可以在回应特定国际事件时改变美国外交策略，提出新的立法提案，或缔结新的国际条约，或采取紧急的行动。在执行任何一种策略前后，美国国会可以选择支持总统的外交政

---

① Chen, Lung-Chu, 1991. Self-Determination and World Public Order, Symposium: The Rights of Ethnic Minorities. 66 Notre Dame Law Review, pp. 1287-1297. He is a prolific scholar on the subject of international law and human rights policy at a New York law school. His brother practiced immigration law in Queens New York. Both have been very active in Taiwanese American activities.

第五章　中国台湾移民参与美国政策的学习曲线

策,也可以提出反对的意见。在大部分的例子里,美国国会倾向于支持美国总统的提案;即使如此,国会还是会对总统的提案作出些微修正,以表示他们已尽到审查的责任。美国国会其实也可具体影响外交政策;经由议会的多数表决和会议记录,议员们可以采取立法训令、阻止法案通过、立法限制,或是拒绝拨款等手段,彰显美国国会在监督与制衡总统权力方面的功能。遇到这些情况,美国行政部门得再想对策,决定如何回应或是否采用国会的立法提案和建议。

就美国对台政策而言,美国行政部门和立法部门就经常会有不同的意见;"与台湾关系法"的制定就是一个最典型的例子。[①]"与台湾关系法"的诞生正是肇因于美国总统卡特在没有先知会美国国会的情况下,就擅自改变对中华人民共和国的外交政策,宣布美国将与中华人民共和国在1979年1月1日建交,并在一年的通知期之后,就会终止与台湾当局的防御条约,从此与台湾有关的"立法",就交付美国国会来处理。在以美国国会的保守派议员为主的不满情绪的引领之下,美国国会试着修改这个新政策的实质意涵;最后他们决定在"与台湾关系法"的内容上增加一个部分,明白表示美国政府将任何针对台湾的非和平举动,视为一种对西太平洋安全的可能威胁,所以会考虑提供台湾防卫性武器来维持台湾足够的自我防御能力。美国国会还修订了一些法案,目的是维持美台之间的经济关系与活动,将美台在断交后的互动置放于比较稳固的法律基础之上。同时,美国参议员高华德和其他国会议员甚至对美国总统提出法律诉讼,控告美国总统在未取得美国参议院2/3参议员和参众两院多数议员的同意之前,就片面终止了与台湾当局的安全防御条约。为了避免类似事件的再度发生,高华德进一步提案,禁止美国

---

① David Tawei Lee. 2000. The Making of the Taiwan Relations Act: Twenty Years in Retrospect. New York: Oxford University Press.

总统在不经美国国会的同意下,就终止与其他国家之间的防御条约。①

在这种处在微妙平衡中的美国行政和立法部门的互动里,需要有经验的政策参与者才能确实有效地掌握必要的操作手法。对跨国政治运动者来说,国会议员不仅仅扮演着美台关系政策咨商的角色,他们也是能让对台提案成功通过的实际操作者。在跨国运动者高度依赖美国议员的情形下,他们所能提出的交换条件就是协助议员竞选,并尽力提供关于台湾的资讯,让美国国会可以掌握台湾政局与社会的变化。在某种意义上,这个互惠互利的交换过程产生了一个实质运作上的美国公民定义,并扩充了美国法律原本对美国公民的定义。

但上面所述的合作并不是毫无限制的;对许多从事跨国政治和人权运动的台湾人而言,美国外交政策里的人权提案②是在戒严时期对抗政

---

① Harding, Harry. 1992. Congress Revisits Taiwan, pp. 82-87. A Fragile Relationship: The United States and China since 1972. Washington D. C.: the Brookings Institution.

② The sources concerning Congress, the Taiwan Human Rights Act, and Taiwanese American Community's contact with Congressmen Solarz come from Richard Bush. 2004. Congress Gets into the Taiwan Human Rights Act, At Cross Purposes: U. S. -Taiwan Relations Since 1942. Armonk, New York: M. E. Sharpe. In the book, he details his observation of the community and his experience as an administration official in the dealing with the Taiwan situation. Congress mandated the Department of State to publish an annual human rights country report. The standard and format of evaluation has evolved over time. In many cases, the appropriation of foreign aid depended on the result of the evaluation. By examining this instance and others throughout this chapter, I intend to show that education has a special curriculum and it takes time to learn. The following information on the human rights country report can be retrieved from the State Department website. The basic evaluation includes: section 1: respect for the integrity of the person, including freedom from a. arbitrary or unlawful deprivation of life, disappearance, torture and other cruel, inhuman, or degrading treatment or punishment, arbitrary arrest or detention, denial of fair public trial, arbitrary interference with privacy, family, home, or correspondence; section 2: respect for civil liberties, including freedom of speech and press, freedom of peaceful assembly and association, freedom of religion, freedom of movement within the country, foreign travel, emigration, and repatriation; section 3: respect for political rights: the right of citizens to change their government; section 4: government attitude regarding international and nongovernmental investigation of alleged violations of human rights; section 5: discrimination, social abuses, and trafficking in persons; section 6 worker rights: the right of association, the right to organize and bargain collectively, prohibition of forced or compulsory labor, acceptable conditions of work, and the list goes on.

第五章 中国台湾移民参与美国政策的学习曲线

府权力的一个利器,却也是一道高墙。收集到的资料显示,① 美国国会议员不会参与任何对中国大陆或是台湾方面具有挑衅意味的立法提案;任何有可能危害美国在区域安全利益或使美国友邦不安的举动,美国国会都会考量再三。因为顾忌潜在的争议与冲突,美国国会议员倾向于只为跨国政治运动者提供人权案件的协助和咨商,其余的则尽量避免。跨国政治运动者花了一段时间才了解美国国会有自己的国家利益考量,不会那么容易地接受新移民对美国国家利益的诠释。在一次又一次与美国国会议员的协商中,跨国政治运动者从会议记录里所使用的文字中,学习到如何平衡美国的国家利益考量和台湾反对人士的政治利益,并尽可能地从人权问题切入。正因为如此,"草根外交"其实就是一个新移民观察和学习的过程,它未必能撼动美国的外交政策,却帮助了跨国政治运动者了解美台双重身份的可能性,以及在使用上的种种限制。

无论如何,这群跨国政治运动者的确引起了美国对台湾人权和民主的持续关注。美国国会议员在1985年主动介入Henry Liu谋杀案的调查,与党外人士同游美国各地,发表公开声明,支持台湾第一个反对党的成立等,都是议员们以具体行动支持跨国政治的表现。许多当时与美国议员一起旅行的人后来还成为台湾第一个反对党的创党者。② 为了确保反对党在创立后能持续存在,美国国会议员在1987年提出民主法案,希望国民党继续进行民主改革;美国国会议员索拉兹甚至写信给当时的

---

① 在田野研究期间,我大量收集美国国会参与"台湾连线"的国会议员的立法提案,并将最终的提案版本与跨国运动者希望的版本相比较,得出这一事实:美国的国家利益与跨国行动者想象中的美国国家利益有一段差距。因为我是研究美国公民身份的,从公民身份的角度出发,这个缩短差距的过程就是美国国家化新移民的过程,于是产生出写本章的灵感。

② Give Taiwan a Chance. Photo Album and History. 1995. Published by Democratic Progressive Party.

台湾当局领导人，表达他个人对台湾民主进程的关心。[①]

与其他国家相较，台湾对"草根外交"这种跨国政治策略较为敏感，或许这是因为台湾的自我防卫能力高度依赖美国在西太平洋的战略部署，所以掌握美台军购的美国国会议员对台湾的政局有着明显的影响力。不过，它存在的先决条件是美国开放多元自由的政治体系；这个体系可允许跨国政治运动者参与其中，因此为新移民提供了一个可创造多样公民身份形式的机制。同时，这个政治体系也同时驯化了这群热衷于跨国政治的移民，因为一旦进入美国外交政策辩论场域，他们就会经历一个必须互相让步的政策制定过程；在这个过程中，没有一个团体或是政府机构的主张会得到完全实现，但是美国对台政策的稳定性却得以维持。这个经由开放协商与相互制衡所创造的"维持现状"政策结果，对跨国运动者而言是一个稳定的学习环境；他们逐渐脱掉"台湾独立"的衣裳，开始接受美国"不支持台湾独立"的政策。

五 结 语

本章从台湾移民至美国的跨国运动者为研究对象，探讨他们的公民身份如何在美国外交政策的政治机会结构里一再地被重新定义，最后这个身份又如何在美国多元主义政治哲学中获得实现。这个过程大致上可分作三个阶段。在第一个阶段（1951—1965），美国行政部门把国民党当局视为西太平洋的策略性伙伴，所以支持国民党当局作为代表中国的"合法政府"。这个政策的结果是美国政府提供军事和经济援助台湾，

[①] Recent Taiwanese activities in the U.S. can be found in an article by James Mann. 2001. Congress and Taiwan: Understanding the Bond, Making China Policy: Lessons from the Bush and Clinton Administrations, ed. Ramon H. Myers, Michel C. Oksenberg, and David Shambaugh. Lanham, MD: Rowman and Littlefield. Statistics, research, publications, papers and press release concerning China (i.e. military/shipbuilding, economy/trade, intellectual property, energy/resources, and human rights/religious freedom) can be found on the website of the Congressional China Caucus.

第五章 中国台湾移民参与美国政策的学习曲线

并派遣美国顾问团协助台湾的现代化。在这一个阶段里,来自台湾的跨国政治运动者只能停留在街头示威的层次,在美国国会的活动零零星星,而且效果不彰。

到了第二个阶段(1966—1970),美国政府的外交政策发生改变,且对中华人民共和国在亚洲的战略位置的思考出现新思维;这些转变造成美国和国民党政府之间关系的距离逐渐拉大,并导致最后的断交。国民党远在第二次世界大战时期,就开始在美国行政部门和美国国会活动,战后则继续与美国维持经济和文化的交流,并不时举行联合军演。但是,当美国开始考虑与中华人民共和国建立友好关系时,国民党与美国之间的关系衰退,跨国政治运动者才有较多的机会在美国国会里活动。另外一个外交政策上的重大转变是人权议题在美国国会议程中的兴起,这也为跨国政治运动者提供了一个政治机会结构,因为他们可以将他们的独立诉求塑造成一个人权的议题,再带进美国国会来影响美国对台政策。他们借由扮演人权斗士、基督徒、医疗专业人士、大学教授和妇女等身份展开动员,维持独立运动的能量。在这个阶段里,跨国政治运动者开始频繁地与美国官员、国民党官员,甚至共产党人士等进行接触交流,扩大了他们活动的范围,他们影响台湾政策的管道不但因此增加,他们的公民身份也逐渐出现多元性。

第三个阶段(1970—1987)是以美国政府与中华人民共和国政府正式建立外交关系为开端的,美国分别在1972年、1979年、1982年签订三个公报,作为其新中国政策的基石,并开启了以"与台湾关系法"为准则处理美台关系的阶段。美国国会继续帮忙改善台湾的人权情况,教育跨国政治运动者懂得联邦政府体制运作的过程,以及帮助新移民累积对美国人权政策的了解和美国在区域间安全利益的考量。值得注意的是,从美国行政部门的档案记录和外国人登记游说的档案资料(FARA record)来看,台湾方面与美国中断正式"外交"关系后,国民党当局仍然保持着与美国行政部门和立法部门的沟通管道,这表明美国同时也在扶持一股能与跨国政治运动者互相抗衡竞争的力量。除了对内将跨国政治运动者逐步纳入美国政治体系里，教导其尊重美国人的主流价值和利益之外，美国也成功地对外扩张其主权，亦即美国政府与国会在本土以外的影响力。从美国战后在亚洲布局的角度来看，美国行政部门和立法部门在这三个阶段中各司其职，成功地将美国对中国的影响力从台湾扩展到大陆，从国民党当局扩张到反对党人士。对内将跨国政治运动者逐步纳入美国政治体系，教导其尊重美国人的主流价值和利益。简言之，本章所分析的跨国运动者如何变成美国人的经过，其实也是一个美国主权在台湾海峡两岸扩张的经过。尤其在美国与台湾方面并未缔结正式"外交"关系的情况下，美国主权还是可以通过具有双重身份的跨国政治运动者带进台湾，形成一个从远端控制的政治现实。

第六章 结　语

一　国家的布局与局中的移民卒子

本书在解释移民团体融入美国国家体系的过程时，提供了一个独特的观点，亦即把国家发展转型所需的全球布局放在最显著的背景下，然后再来观察移民如何在此布局中运动前进，成为移入国的一分子。此观点乍看之下似乎有点标新立异，但在前面的章节中，我已按此逐步描述出一个具体的棋局图像，以及移民的行动力如何在国家所建立的机会结构与法律机制中被调节控制；这一发现显示出这个观点的必要性与实用性。本章并不打算重复叙述本研究的发现，而是企图总结与反省此一观点本身；我将简短地讨论与连接这个观察角度在理论上所作的突破，在研究方法上所需采取的对应措施，对研究对象所应该采取的态度，以及在未来发展上所面临的挑战。

二　建立理解移民现象的宏观架构

既有的学术研究在研究全球化中的移民现象时，通常把影响移民团体融入移入国的过程放在三个主要的研究问题之下来讨论：族群、都市空间和公民身份。这些研究角度有意无意地淡化或简化了国家在融入过程中的角色。事实上，国家在这个过程中并不只是被动地解决处理移民问题；一开始就是国家依照它的需要在吸收与调控可流动的移民劳动力或资本，所以移民问题其实从根本上讲是国家创造出来的。因此本研究企图建立一个更宏观的角度，把国家发展转型和移民团体之间的互动过程放入观察的范围之内。

在综合前人的研究后，这个新的角度可建立一个扩大的清单，列出一些影响移民团体融入移入国的结构性因素。其中包括：

1. 移入国的法律（如移民法案、公民身份和归化政策、公民权利架构等）。

2. 地方性的政治经济（如社会阶层、公民分级和劳工市场的竞争等）。

3. 全球化下的都市结构与市民的身份权利。

4. 跨国关系和认同（如移民分别在移出国和移入国的社会网络、社区组织等）。

5. 外交政策考量（如国家的工商业利益、国际条约、区域安全考量等）。

这个扩大后的清单具有较强大的应用潜力，可以运用在更多的研究案例之中；在累积更多的经验研究之后，我们对于族群、公民身份和移民团体融入移入国的过程等各方面的社会学知识一定会有所精进。

三　设计新的移民研究框架

一旦我们把理论的分析架构扩大，开始考虑国家过去的转型与对未来的布局，这个计划的设计就必须修正过去研究中二元对立的弱点。所谓的二元对立模型，基本上就是预设移出国和移入国本身是既定且不变的对立参考点；它们或作为主要族群认同和公民身份取得的主要源头，或是像在跨国主义的研究当中，被当作移民团体在形成族群关系和行使公民身份时所运用的既定资源。本书在设计上企图显现一个由移民团体和国家转型之间的互动所组织而成的模型,无论是移民的身份和权利,还是国家的定义与界限,在互动过程中都不是固定不变的。在如此设计之下,这个研究可细致化跨国主义的理论,点出不同的历史因素和情况如何造成了不同的结果。换句话说,它可以看到移民团体在不同的历史时间点上,如何面对与回应国家转型的需要,各自塑造出具有差异性的公民身份认同和权利行使方式。

为了有效地发现国家转型和移民社群建立之间的互动关系,本书的分析架构特别放入了时间轴来作为基本的参考坐标。这样做有利于我们观察三种不同的现象。第一,比较不同移民团体进入国家的路径。例如,在领土扩张和国家机构重组的过程中,公民政策架构变成其中一个影响区域间国家关系的管道,因此,法律上的差别待遇和之后地方政治经济的社区发展、外交政策考量、跨国关系和认同、全球化下的都市结构,在以国家领土为模型的公民身份架构下,构筑形成一个大范围的各式各样关系,适时调整移入国与移出国和区域内其他国家的关系。第二,一个比较和历史的方法,企图展现阶段性的改变,将变迁中的公民身份置于特定国家建设脉络之中。第三,两个经验研究,即中国大陆移民社群(第四章)和中国台湾移民社群(第五章),寻求精致化之前章节所讨论的以亚洲为架构的公民身份设计。个别分析案例表现出互动模型的特征和融入移入国的独特理论模型。在这几章里,族群、都市空间和公民身份都在不同阶段一再被重新定义。

四　扩大资料收集的方法

为了满足研究设计的需要,本书必须应用不同的方法来扩大资料收集的范围。在创造一个以国家转型与领土扩张为中心的时间轴线之后,我们就要尽可能地挖掘、整理国家与移民之间的各种互动,把这条空心的轴线用事实与行动事件填补起来。

第一种主要的资料是关于美国国家需求如何调整亚洲移民社群的流动与融入美国社会的方式。资料的取得主要来自立法机构的档案，其中包括国会记录、国会人员和移民律师的书籍出版物和学者的研究记录。第二种重要的资料是移民社群自己的论述，再加上先前学者的观察研究和移民社团组织本身的记录，我们可以重建移民社群如何回应国家控制的方式。以中国城150多年的历史为例，我们可先依照主要的移民法案，将其分为不同阶段。然后再取得非正式的访谈、社群组织的出版物和新闻报导等为资料来源，就可看出在每个阶段社群移民的组织方式、移出国和移入国的公民与外交政策，还有移民社群的跨国活动和政治参与等，其实一直存在着密不可分的关系。同样地，我们也可运用台湾移民社群的论述、台湾岛内的党外出版物与台湾驻外机构工作人员、国会工作人员和智库学者非正式的访谈等资料，找出在过去50年内的美台关系架构下，美国台湾移民社群的政治参与形态到底发生了哪些转变。

五　正视华人移民的多样性

对于华人移民团体融入美国与取得公民身份的过程，本书的设计突显了华人移民团体之间的差异。这在某种程度上质疑了多元文化主义对文化差异的过度依赖，尤其是这种依赖背后的逻辑：预设移出国与移入国之间的二元对立，再企图在移出国文化特征与适应移入国能力之间找出一个因果关系。但本书探索了另外一个可能：移民进入美国的时间点是一个关键，因为这会决定国家赋予他们所应扮演的角色，以及之后取得美国公民身份的路径。正是因为这种历史偶然性，在不同时间点进入美国的华人可能会发展出完全不同类型的社群，参与美国社会与行使公民权利的方式也可能南辕北辙。

从成果上来看，本研究发现，在华人移民团体之中就至少存在着三种不同的公民身份模型。首先，早期的中国移民呈现出一种最不具优势

第六章 结 语

的公民身份模型；它与移入国家之间的互动关系最为薄弱，却与移出国保持着紧密的依赖关系。这个社群当时几乎与国家的法治权威相隔绝，法律上的公民身份似乎遥不可及；取而代之的则是内聚力极强的社区自治组织，以及因为在城市中居住、工作而获得的市民会员身份。其次在最近几年里进入美国的中国移民人数开始增加，但是在新的历史环境下，他们不但融入美国的方式完全不同，还与旧的移民社群产生了冲突。基本上，他们的出现造成了目前华人移民社群的多样化和社区中的经济分殊化，进而产生了社群内的紧张关系。最后，来自台湾的移民则形成了一个同质性高的郊区移民社群；社群里的阶级冲突相对较少，移民组织的会员通常拥有较高的社会经济地位和职业，对跨国政治活动的热忱与参与度也较其他华人社群要高。

将这三种模型并置比较之后，我们不但可以借着华人移民团体之间的差异性来重新考虑文化因素的重要性，也能够开始反思大部分关于移民和公民身份的假设。一般的移民和公民身份在理论上倾向于强调移民法案的立法，例如，移民入境时的法律地位及其社会阶层的法律分类，再依此来解释移民团体如何在移入国经验不同的公民身份地位。但本研究显示，在这些移民团体都被归类为华人的情况下，他们在学习行使公民身份和融入移入国的过程中却有着不同的途径。事实上，移民团体实际上参与移入国政治的时间远早于他们取得公民身份的时间，得到移入国法律认可的会员身份也并不等于掌握了实质的公民权利。此外，还有许多全球性的大环境因素，例如国家市场经济重组的方向、贸易、地域政治和正在扩展中的人权论述，等等，也都影响着争取公民身份的过程。如果能够在一个顾及国家，例如战争时期的行政特权、国际条约的协商、国会对政府的监督和移民法案的执行等，与全球性变迁的宏观架构下，仔细观察如何操作机会结构的细节，或许我们还能发现更多的华人移民团体之间的差异，对国家发展与移民社群之间的互动也才能得到深入的了解。

六 未来研究

　　未来的研究将试着克服在这个研究计划中出现的问题和挑战。第一，在有限的资源与时间限制下，本研究遭遇少数样本所产生的代表性问题；因为亚洲族群团体的特性，本书所提出的分析架构或许不能完全套用到其他移入国的团体之中。第二，因为选择华人作为主要研究对象，种族的变项并没有被深入探讨；在美国的种族主义背景脉络中，本研究或可能仅具备有限的解释能力。

　　未来的计划应该对早期到达美国的欧洲白人移民团体做更透彻的研究，对象可包括波兰人、德国人、爱尔兰人和意大利人等。至于现今的移民团体，我们也应该扩大范围，探索墨西哥和印度移民如何融入美国的路径。未来研究如能朝这些方向发展，我们应该能够对美国国家政策如何控制移民流动，以及公民权利制度如何采用媒介驯化移民等问题，得到一个更广泛和深入的了解。

参考文献

Abbott, Andrew. *Methods of Discovery: Heuristics for the Social Sciences*. New York: W. W. Norton & Company, 2004.

Accinelli, Robert. *Crisis and Commitment: United States Policy toward Taiwan, 1950-1955*. Chapel Hill: University of North Caroline Press, 1996.

Akagi, Roy Hidemichi. *Japan's Foreign Relations, 1524-1936*. Tokyo: The Hokuseiko Press, 1946.

Aleinikoff, Alexander T. and Douglas Klusmeyer. *From Migrants to Citizens: Membership in a Changing World*. Washington, D. C. : Carnegie Endowment for International Peace, 2000.

Aleinikoff, Alexander T. *Semblances of Sovereignty: The Constitution, the State, and American Citizenship*. Cambridge, Mass. : Harvard University Press, 2002.

Aleinikoff, Alexander T. "The Canons of Constitutional Law Sovereignty Studies in Constitutional Law: A Comment. " *Constitutional Commentary* 17, 2000: 197-203.

Allen, W. B. *America's First Progressive: George Washington*. New York: Peter Lang, 2008.

Allen, W. B. ed. *George Washington: A Collection*. Indianapolis: Liberty Classics, 1988.

Anderson, Benedict. *Imagined Communities: Reflections on the Origin and Spread of Nationalism.* London: Verso, [1983] 1991.

Anderson, David L. "The Viet Nam War." In *A Companion to American Foreign Relations*, by Robert D. Schulzinger ed., 309-329. Malden, MA: Blackwell Publishing, 2003.

Appadurai, Arjun. *Modernity at Large: Cultural Dimensions of Globalization.* Minneapolis: University of Minnesota Press, 1996.

Appiah, Kwame Anthony. *Cosmopolitanism: Ethics in a World of Strangers.* New York: W. W. Norton, 2006.

Arendt, Hannah. *The Human Condition.* Chicago: University of Chicago, 1958.

Arnold, F., Minocha, U. and Fawcett, J. T. "The Changing Face of Asian Immigration to the United States." In *Pacific Bridges: The New Immigration from Asia and the Pacific Islands*, by B. T. Fawcett and J. T. Carino eds. New York: Center for Migration Studies, 1987.

Azuma, Eiichiro. *Between Two Empires: Race, History, and Transnationalism in Japanese America.* Oxford University Press, 2005.

Bachrach, Stanley D. *The Committee of One Million: "China Lobby" Politics, 1953-1971.* New York: Columbia University Press, 1976.

Bade, Klaus J. "From Emigration to Immigration: The German Experience in the Nineteenth and Twentieth Centuries." In *Migration Past, Migration Future: Germany and the United States*, by Klaus J. Bade and Myron Weiner eds., pp. 1-38. Providence: Berghahn Books, 1997.

Balibar, Étienne. *We, The People of Europe?: Reflections on Transnational Citizenship.* Princeton: Princeton University Press, 2004.

Bao, Xiaolan. *Holding Up More Than Half The Sky: Chinese Women Garment Workers in New York City, 1948-92.* Urbana: University of Illinois

Press, 2001.

Barry, Norman. "Markets, Citizenship and the Welfare State: Some Critical Reflections." In *Citizenship and Rights in Thatcher's Britain: Two Views*, by Raymond Plant and Norman Barry. London: IEA Health and Welfare Unit, 1990.

Basch, Linda G., Nina G. Schiller, and Christine S. Blanc. *Nations Unbound: Transnational Projects, Post-colonial Predicaments, and Deterritorialized Nation-States*. Langhorne: Gordon and Breach, 1993.

Beiner, Ronald. *Theorizing Citizenship*. New York: State University of New York Press, 1995.

Benhabib, Seyla. *Another Cosmopolitanism*. New York: Oxford University Press, 2006.

Benhabib, Seyla. *The Rights of Others: Aliens, Residents, and Citizens*. Cambridge: Cambridge University Press, 2004.

Benhabib, Seyla. "Twilight of Sovereignty or the Emergence of Cosmopolitan Norms? Rethinking Citizenship in Volatile Times." *Citizenship Studies* 11 (1), 2007: 19-36.

Bennett, Marion T. *American Immigration Policies: A History*. Washington D. C.: Public Affairs Press, [1963] 2000.

Bergsten, C. Fred, Bates Gill, Nicholas R. Lardy, and Derek Mitchell. *China: The Balance Sheet*. New York: Public Affairs, 2006.

Bernstein, Emanuel Adler and Steven. "Knowledge in Power: The Epistemic Construction of Global Governance." In *Power in Global Governance*, by Michael Barnett and Raymond Duvall eds., pp. 294-318. New York: Cambridge University Press, 2005.

Bhabha, H. K. *The Location of Cultural*. London: Routledge, 1994.

Black, Charles L. Structure and Relationship in Constitutional Law. Baton

Rouge: Louisiana State University Press, 1969.

Bloemraad, Irene. *Becoming a Citizen: Incorporating Immigrants and Refugees in the United States and Canada*. Berkeley: University of California Press, 2006.

Boli, John and George M. Thomas. "World Culture in the World Polity: A Century of International Non-Governmental Organization." *American Sociological Review* 62, 1997: 171-90.

Bosniak, Linda. "Citizenship Denationalized Symposium: The State of Citizenship." *Indiana Journal of Global Legal Studies* 7 (2), 2000a: 447-510.

Bosniak, Linda. "The Citizenship of Aliens." *Social Text* 56, Vol. 16. No. 3, Fall 1998: 29-35.

Bosniak, Linda. "Universal Citizenship and the Problem of Alienage." *Northwestern University Law Review*, 2000b: 94 (3): 963-84.

Brubaker, Rogers. *Citizenship and Nationhood in France and Germany*. Cambridge: Washington. D. C., 1992.

Brubaker, Rogers. "In the Name of the Nation: Reflections on Nationalism and Patriotism." *Citizenship Studies*, Vol. 8. No. 2, 2004.

Burawoy, Michael. "Introduction: Reaching for the Global." In *Global Ethnography: Forces, Connections, and Imaginations in a Postmodern World*, by Michael Burawoy et al., 1-40. Berkeley and Los Angeles, California: University of California Press, 2000.

Burnett, Christina and Burke Marshall eds. "Between the Foreign and the Domestic: The Doctrine of Territorial Incorporation, Invented and Reinvented." In *Foreign in a Domestic Sense: Puerto Rico, American Expansion, and the Constitution*, by Christina Burnett and Burke Marshall. Durham, NC: Duke University Press, 2001.

Bush, Richard C. *At Cross Purposes U. S. -Taiwan Relations Since 1942*. New York: M. E. Sharpe, 2004.

Carens, Joseph. "Realisitic and Idealistic Approaches to the Ethics of Immigration." *International Migration Review* 30, No. 1, 1996: 156-170.

Castells, Manuel ed. *The Network Society: A Cross-cultural Perspective*. Cheltenham, UK: Edward Elgar Pub., 2004.

Castles, Stephen and Mark J. Miller. *The Age of Migration: International Population Movements in the Modern World*. New York: The Guilford Press, 2009.

Chan, Sucheng ed. *Chinese American Transnationalism: The Flow of People, Resources, and Ideas between China and America during the Exclusion Era*. Philadelphia: Temple University Press, 2006.

Chan, Sucheng. *The Bittersweet Soil: The Chinese in California Agriculture, 1860-1910*. Berkeley: University of California Press, 1986.

Chang, Yen-hsien ed. *Self-Consciousness and Recognition: 1950-1990 Overseas Taiwanese Movement*. Taipei: WuSanLien Foundation, 2005.

Chen, H. S. *Chinatown No More: Taiwanese Immigrants in Contemporary New York*. Ithaca: Cornell University Press, 1992.

Chen, Lung-chu. "Taiwan's Current International Legal Status." *New England Law Review*, 1997-1998: 675-684.

Chen, Rong-Ru. *Don't Forget the San Francisco Treaty*. Washington D. C.: Center for Taiwan International Relations, 2002.

Chen, Rong-ru. *Taiwanese American Community's Grassroots Diplomacy*. Taipei: Chien-wei Press, 2001.

Chen, Yong. "Understanding Chinese American Transnationalism During the Early Twentieth Century: An Economic Perspective." In*Chinese American Transnationalism: The Flows of People, Resources, and Ideas between Chi-*

na and America During the Exclusion Era, by Sucheng ed. Chan, 156-173. Philadelphia: Temple University Press, 2006.

Cheng, Lucie and Edna Bonacich eds. *Labor Immigration under Capitalism: Asian Workers in the United States Before World War II*. Berkeley: University of California Press, 1984.

Chin, Ko-lin. *Chinatown Gangs: Extortion, Enterprise, and Ethnicity.* New York: Oxford University Press, 1996.

Christensen, Thomas J. *Useful Adversaries: Grand Strategy, Domestic Mobilization and Sino-American Conflict, 1947-1958*. Princeton, NJ: Princeton University Press, 1996.

Chu, Yun-han. *Crafting Democracy in Taiwan.* Taipei: Institute for National Policy Research, 1992.

Cohen, M. and Teng E. eds. *Let Taiwan Be Taiwan: Documents on the International Status of Taiwan.* Washington D.C.: Center for Taiwan International Relations, 1990.

Cohen, Marc J. *Taiwan at the Crossroads: Human Rights, Political Development and Social Change on the Beautiful Island.* Washington D.C.: Asia Resource Center, 1988.

Collins, Patricia Hill. "Black Nationalism and African American Ethnicity: the Case of Afrocentrism as Civil Religion." In *Ethnicity, Nationalism and Minority Rights*, by Tariq Modood and Judith Squires Stephen May, 96-120. New York: Cambridge University Press, 2004.

Collins, R. "Micro-translation as a Theory-building Strategy." In *Advances in Social Theory and Methodology: Toward an Integration of Micro- and Macro-sociologies*, by K. Knorr-Cetina and A. V. Cicourel ed., pp. 81-108. Boston: Routledge, 1981.

Coogan, Tim Pat. *Wherever Green is Worn: The Story of the Irish Diaspora.*

London: Hutchinson, 2000.

Cornell, Stephen. *The Return of the Native: American Indian Political Resurgence.* New York: Oxford University Press, 1988.

Cumings, Bruce. " Global Realm with No Limits, Global Realm with No Name. " *Radical Historical Review* 57, 1993: 46-59.

Cumings, Bruce. "Colonial Formations and Deformations: Korea, Taiwan, and Vietnam in Decolonialization: Perspectives fromNow and Then. " By Prasenjit Duara and Bruce Cumings eds. *Colonial Formations and Deformations: Korea, Taiwan, and Vietnam.* London: Routledge, 2004.

Cumings, Bruce. *Parallax Visions: Making Sense of American-East Asian Relations at the End of the Century.* Durham: Duke University Press, 1999.

Daniels, Roger. *Asian America: Chinese and Japanese in the United States since 1850.* Seattle: University of Washington Press, 1988.

David, Paul A. "Clio and the Economics of Qwerty. " *American Economic Review*, AEA Papers and Proceedings, Economic History 75, No. 2, 1985: 332-37.

DeConde, Alexander. *Ethnicity, Race, and American Foreign Policy: A History.* Boston: Northeastern University Press, 1992.

DeSipio, Louis. "Building America, One Person at a Time: Naturalization and the Political Behavior of the Naturalized in Contemporary American Politics. " In *E Pluribus Unum? Contemporary and Historical Perspective on Immigrant Political Incorporation*, by G. Gerstle and J. Mollenkopf, pp. 67-106. New York: Russell Sage, 2001.

Destler, I. M. *American Trade Politics.* Washington, DC: Institute for International Economics, 2005.

DeWitt, Howard A. *Anti-Filipino Movements in California: A History, Bibliography, and Study Guide.* San Francisco: R and E Research

Associates, 1976.

Diamond, Larry. *Democracy in East Asia*. John Hopkins University Press, 1998.

Díaz-briquets, Sergio. "Relationships between U. S. Foreign Policies and U. S. Immigration Policies ." In *Threatened Peoples, Threatened Borders: World Migration and U. S. Policy*, by Michael S. Teitelbaum and Myron Weiner, pp. 160-189. New York: W. W. Norton and Company, 1995.

Dirlik, Arif ed. *Chinese on the American Frontier*. Lanham: Rowman & Littlefield, 2001.

Doug McAdam, John D. McCarthy, Mayer N. Zald, eds. *Comparative Perspectives on Social Movements: Political Opportunities, Mobilizing Structures, and Cultural Framings*. New York: Cambridge University Press, 1996.

Dower, Nigel. "Global Citizenship." In *Global Citizenship: A Critical Introduction*, by Nigel and John Williams Dower. New York: Routledge, 2002.

Duara, Prasenjit. *The Global and Regional in China's Nation-Formation*. New York: Routledge, 2009.

Dudden, Arthur Power. *The American Pacific: From the Old China Trade to the Present*. New York: Oxford University Press, 1992.

Dudziak, Mary. *Cold War, Civil Rights: Race and the Image of American Democracy*. Princeton: Princeton University Press, 2002.

Dulles, Foster Rhea. *China and America: The Story of Their Relations since 1784*. Princeton: Princeton university Press, 1946.

Edwards, M. and Gaventa, J. eds. *Global Citizen Action*. Boulder, CO: Lynne Reinner, 2001.

Espiritu, Yen Le. *Home Bound: Filipino American Lives across Cultures, Communities and Countries*. Berkeley: University of California Press, 2003.

Evans, Peter. *Embedded Autonomy: States and Industrial Transformation*. Princeton: Princeton University Press, 1995.

Conroy, Hilary, Francis Conroy and Sophie Quinn-Judge. *West Across the Pacific: American Involvement in East Asia from 1898 to the Vietnam War*. New York: Cambria Press, 2008.

Fairbank, John K. *China: The People's Middle Kingdom and U.S.A.* Cambridge: Harvard University Press, 1967.

Falk, Richard A. *Achieving Human Rights*. New York: Routledge, 2009.

Fitzgerald, David. "Scenarios of Transformation: The Changing Consequences of Old and New Migrations." *Diaspora* 13: 1, 2004: 101-109.

Fitzgerald, Stephen. *China and the Overseas Chinese, 1949-1970*. Cambridge: Cambridge University Press, 1972.

Fitzgerald, Stephen. *China and the Overseas Chinese: A Study of Peking's Changing Policy, 1949-1970*. Cambridge: Cambridge University Press, 1972.

Fleuret, Anne K. "Incorporation into Networks among Sikh in Los Angeles." In *Asians in America: The Peoples of East, Southeast, and South Asia in American Life and Culture*, by Franklin Ng. ed. New York: Garland Publishing Inc., 1998.

Forment, Carlos A. "Political Practice and the Rise of an Ethnic Enclave: The Cuban American Case, 1959-1979." *Theory and Society*, Vol. 18. No. 1, January, 1989: 47-81.

Foucault, Michel. *Power/Knowledge: Selected Interviews and Other Writings, 1972-1977*. Vintage Press, 1980.

Frank D. Bean, Robert G. Cushing, and Charles W. Haynes. "The Changing Demography of U.S. Immigration Flows: Patterns, Projections, and Contexts." In *Migration Past, Migration Future: Germany and the United*

States, by Klaus J. Bade and Myron Weiner, pp. 120-154. Providence: Berghahn Books, 1997.

Fraser, Nancy and Linda Gordon. "Contract versus Charity: Why Is There No Social Citizenship in the United States." In *The Citizenship Debates*, by Gershon Shafir ed., pp. 113-130. Minneapolis: University of Minnesota, 1998.

Fritz, Christian G. "Due Process, Treaty Rights, and Chinese Exclusion." In *Entry Denied: Exclusion and the Chinese American Community in America, 1882-1943*, by Sucheng Chan ed. Philadelphia: Temple University Press.

Fuchs, Lawrence H. *The American Kaleidoscope: Race, Ethnicity, and the Civic Culture*. Middletown, Conn.: Wesleyan University Press, 1990.

Garfinkel, Harold. *Studies in Ethnomethodology*. Polity, 1991.

Garis, Roy L. *Immigration Restriction: A Study of the Opposition and Regulation of Immigration into the United States*. New York: The Macmillan Company, 1927.

Garver, John W. *The Sino-American Alliance: Nationalist China and American Cold War Strategy in Asia*. Armonk, NY: M. E. Sharpe, 1997.

Glick Schiller, N. "The Situation of Transnational Studies." *Identities* 4 (2), 1997: 155-166.

Glick-Schiller, Nina and Georges Fouron. *Georges Woke Up Laughing: Long Distance Nationalism and the Search for Home*. Durham, NC: Duke University Press, 2001.

Go, Julian. *American Empire and the Politics of Meaning: Elite Political Cultures in the Philippines and Puerto Rico during U. S. Colonialism*. Durham: Duke University Press, 2008.

Gold, Thomas B. Gold. *State and Society in the Taiwan Miracle*. Armonk, N.Y.: M. E. Sharpe, 1986.

Goldstein, Steven M. "The United States and the Republic of China, 1949-1978: Suspicious Allies." www. standforf. edu/group/APARC. February 2000.

Gomez, Edmund Terence and Hsin-Huang Michael Hsiao eds. *Chinese Enterprise, Transnationalism, and Identity.* New York: Routledge, 2004.

Gouldner, Alvin Ward. *Enter Plato: Classical Greece and the Origins of Social Theory.* New York: Basics Books, 1965.

Griffin, Eldon. *Clippers and Consuls: American Consular and Commercial Relations with East Asia, 1845-1869.* Ann Arbor, MI: Edwards Brothers, 1938.

Guarnizo, Luis, Alejandro Portes, and William J. Haller. "Assimilation and Transnationalism: Determinants of Transnational Political Action among Contemporary Migrants." *American Journal of Sociology* 108, 2003: 1211-48.

Gutmann, Amy. *Democratic Education.* Princeton: Princeton University Press, 1987.

Gutmann, Amy. "Relativism, Deconstruction, and the Curriculum." In *Campus Wars: Multiculturalism and the Politics of Difference*, by A. S. John and Amy Shapiro eds. Arthur. Boulder: Westview Press, 1995.

Hall, S. "New Cultures for Old." In *A Place in the World*, by Massey Doreen ed. London: Sage, 1995.

Hamashita, Takeshi. "Tribute and Treaties: Maritime Asia and Treaty Port Networks in the Era of Negotiation, 1800-1900." In *The Resurgence of East Asia: 500, 150, and 50 Year Perspectives*, by Giovanni, Takeshi Hamashita, and Mark Selden eds. Arrighi. London: Routledge, 2003.

Hamashita, Takeshi. "The Tribute Trade System and Modern Asia." In *Japanese Industrialization and the Asian Economy*, by Latham A. and H. Kawasatsu eds. London: Routledge, 1994.

Hamilton, Lee. *How Congress Works and Why You Should Care.* Bloomington: Indiana University Press, 2004.

Hannerz, Ulf. *Transnational Connections: Culture, People, Places.* New York: Routledge, 1996.

Harding, Harry. *A Fragile Relationship.* Washington, D. C.: The Brookings Institution, 1992.

Helbich, Wolfgang and Walter D. Kamphoefner eds. *German-American Immigration and Ethnicity in Comparative Perspective.* Madison, WI: Max Kade Institute for German-American Studies, University of Wisconsin, 2004.

Held, David. *Democracy and the Global Order: From the Modern State to Cosmopolitan Governance.* Stanford: Stanford University Press, 1995.

Held, David, Anthony McGrew, David Goldblatt, and Jonathan Perraton. *Global Transformations: Politics, Economics and Culture.* Stanford: Stanford University Press, 1999.

Helleiner, Eric. *States and the Reemergence of Global Finance: From Bretton Woods to the 1990s.* Ithaca: Cornell University Press, 1994.

Hersman, Rebecca K. C. *Friends and Foes: How Congress and the President Really Make Foreign Policy.* Washington, D. C.: Brookings Institution Press, 2000.

Higham, John. *Strangers in the Land: Patterns of American Nativism, 1860-1925.* New Brunswick: Ruthers University Press, 1955.

Hing, Bill Ong. *Defining America Through Immigration Policy.* Philadelphia: Temple University Press, 2004.

Holdridge, John H. *Crossing the Divide: An Insider's Account of Normalization of U. S. -China Relations.* Lanham: Rowman and Littlefield, 1997.

Holland, Jack. *The American Connection: U. S. Guns, Money, and Influence in Northern Ireland.* New York: Viking, 1987.

Hollinger, David. *Cosmopolitanism and Solidarity: Studies in Ethnoracial, Religious, and Professional Affiliation in the United States.* University of Wisconsin Press, 2006.

Honig, Bonnie. *Democracy and the Foreigner.* Princeton, N. J.: Princeton University Press, 2001.

Hsu, Madeline. *Dreaming of Gold, Dream of Home: Transnationalism and Migration between the United States and South China, 1882-1943.* Stanford: Stanford University Press, 2000.

Huntington, S. P. *The Third Wave: Democratization in the Late Twentieth Century.* University of Oklahoma Press, 1993.

Huntington, Samuel. "The Erosion of American National Interests." *Foreign Affairs,* 1997.

Husserl, Alfred. *The Idea of Phenomenology.* Springer; 1 edition, 1999.

Hutchinson, E. P. *Legislative History of American Immigration Policy, 1798-1965.* Philadelphia: University of Pennsylvania Press, 1981.

Isin, Engin F. and Bryan S. Turner. "Investigating Citizenship: An Agenda for Citizenship Studies." In *Citizenship between Past and Future*, by Engin F., Peter Nyers, and Bryan S. Turner eds. Isin, 5-17. London: Routledge, 2008.

Isin, Engin F. "City, Democracy and Citizenship: Historical Images, Contemporary Practices." In *Handbook of Citizenship Studies*, by Engin F. Isin and Bryan S. Turner, pp. 305-316. London: Sage Publications, 2002.

Jacobsen, David and Galya Ruffer. "Courts across Borders: The Implications of Judicial Agency of Human Rights and Democracy." *Human Rights Quarterly* 25 (1), 2003: 74-93.

Jacobson, David. *Rights across Borders: Immigration and the Decline of Citizenship.* Baltimore: John Hopkins University Press, 1996.

Jones-Correa, Michael. *Between Two Nations: The Political Predicament of Latinos in New York City.* Ithaca: Cornell University Press, 1998.

Joppe, Christian & Ewa Morawska. *Toward Assimilation and Citizenship: Immigrants in Liberal Nation-States.* New York: Palgrave Macmillan, 2003.

Joppke, C. "The Legal-Domestic Sources of Immigrant Rights: The United States, Germany and the European Union." *Comparative Political Studies*, 34 (4), 2001: pp. 339-366.

Joppke, C. ed. *Challenge to the Nation-State: Immigration in Western Europe and the United States.* New York: Oxford Press, 1998.

Jung, Moon-Ho. *Coolies and Cane: Race, Labor, and Sugar in the Age of Emancipation.* Baltimore: Johns Hopkins University Press, 2006.

Jung, Moon-kie and Tomàs Almaguer. "The State and the Production of Racial Categories." In *Race and Ethnicity: Across Time, Space, and Discipline*, by Rodney D. Coats ed., 55-72. Leiden: Brill, 2004.

Jung, Moon-kie. "Interracialism: The Ideological Transformation of Hawaii's Working Class." *American Sociological Review*, 2003 (68): 373-400.

Jung, Moon-kie. *Reworking Race: The Making of Hawaii's Interracial Labor Movement.* New York: Columbia University Press, 2006.

Kao, John. "The Worldwide Web of Chinese Business." *Harvard Business Review*, March-April 1993: 24-36.

Karst, Kenneth L. *Belonging to America: Equal Citizenship and the Constitution.* New Haven: Yale University Press, 1989.

Kearney, M. "The Local and the Global: The Anthropology of Globalization and Transnationalism." *Annual Review of Anthropology*, Vol. 24, 1995: 547-65.

Kennan, George F. *American Diplomacy*, 1900-1950. Chicago: University of Chicago Press, 1951.

Kerr, George H. *Formosa Betrayed*. London: Eyre and Spottiswoode, 1965.

Kesler, Charles R. "The Promise of American Citizenship." In*Immigration and Citizenship in the Twenty-first Century*, by Noah M. J. Pickus ed., 3-40. Lanham: Rowman & Littlefield Publisher Inc., 1998.

Kim, Hyung-chan. *A Legal History of Asian Americans, 1790-1990*. Westport: Greenwood Press, 1994.

Kim, Nadia Y. *Imperial Citizens*. Stanford: Stanford University Press, 2008.

King, D. *Making Americans: Immigration, Race and the Diverse Democracy*. Cambridge, MA: Harvard University Press, 2000.

Kissinger, Henry. *The White House Years*. Boston: Little Brown, 1979.

Knorr-Cetina, K. "The Micro-sociological Challenge of Macro-sociology: Towards a Reconsturction of Social Theory and Methodology." In *Advances in Social Theory and Methodology*, by K. Knorr-Cetina and A. V. Cicourel, pp. 1-48. Boston: Routledge & Kegan Paul, 1981.

Krasner, Stephen D. *Sovereignty: Organized Hypocrisy*. Princeton: Princeton University Press, 1999.

Kuhn, Philip A. Kuhn and John K. Fairbank. *Introduction to Ch'ing Documents / compiled by Philip A. Kuhn and John K. Fairbank with the assistance of Beatrice S. Bartlett and Chiang Yung-chen*. Cambridge: Harvard University, The Harvard-Yenching Institute, 1993.

Kwong, Peter and Dusanka Miscevic. *Chinese America: The Untold Story of America's Oldest New Community*. New York: The New Press, 2005.

Kwong, Peter. *The New Chinatown*. New York: Hill and Wang, 1996.

Kymlicka, Will and Wayne Norman. "Return of the Citizen: A Survey of Recent Work on Citizenship Theory." *Ethics*, 1994: 104: 352-81.

Kymlicka, Will. *Liberalism, Community, and Culture*. Oxford: Oxford University Press, 1989.

Kymlicka, Will. *Multicultural Citizenship: A Liberal Theory of Minority Rights*. Oxford: Clarendon Press, 1995.

Laguerre, Michel S. *The Global Ethnopolis: Chinatown, Japantown and Manilatown in American Society*. New York: St. Martin's Press Inc., 2000.

Lambkin, Patruck Fitzgerald and Brian. *Migration in Irish History, 1607-2007*. New York: Palgrave Macmillan, 2008.

Lee, David Tawei. *The Making of the Taiwan Relations Act: Twenty Years in Retrospect*. New York: Oxford University Press, 2000.

Lee, Rose Hum. "The Decline ofChinatowns in the United States." *American Journal of Sociology* 54, 1949: 422-32.

Lefebvre, Henri. *Writing on Cities*, Selected, Translated and Introduced by Eleonore Kofman and Elizabeth Lebas. Cambridge, Mass.: Blackwell, 1996.

Levitt, P. and N. Glick-Schiller. "Conceptualizing Simultaneity: Theorizing Society from a Transnational Social Field Perspective." *International Migration Review*, 2005.

Levitt, Peggy. *The Transnational Villagers*. Berkeley: University of California Press, 2001.

Li, Thian-hok. "The China Impasse: A Formosan View." *Foreign Affairs*.

Lin, Catherine Kai-ping. "Taiwan's Overseas Opposition Movement and Grassroots Diplomacy in the United States: the Case of the Formosan Association for Public Affairs." *Journal of Contemporary China* 15 (46), February, 2006: 133-59.

Lin, Jan. *Reconstructing Chinatown: Ethnic Enclave, Global Change*. Minneapolis: University of Minnesota Press, 1998.

Lin, Yutang edited and with an Introduction by C. Lok Chua. *Chinatown Family*. New Brunswick, N. J.: Rutgers University Press, 2007.

Lo, Ming-chen. "Crafting the Collective Identity: The Original and Transformation of Taiwanese Nationalism. " *Journal of Historical Sociology* 7 (2), 1994: 199-223.

Lo, Ming-chen. *Doctors within Borders: Profession, Ethnicity, and Modernity in Colonial Taiwan.* Los Angeles: University of California Press, 2002.

Lowe, Lisa. *Immigrant Acts: on Asian American Cultural Politics.* Durham: Duke University Press, 1996.

Magnusson, Warren. *Politics of Urbanism: Seeing Like a City.* Routledge, 2012.

Mann, Catherine L. "Oil in the New Global Economy: International Capital Market Integration and the Economic Effects of Oil Price Extremes. " In *Global Markets and National Interests: The New Geopolitics of Energy, Capital, and Information*, by Lincoln P. eds. Bloomfield jr. , 69- 121. Washington, D. C. : Center for Strategic and International Studies, 2006.

Mann, James. "Congress and Taiwan: Understanding the Bond. " In *Making China Policy: Lessons from the Bush and Clinton Administrations*, by Ramon H. , Michel C. Oksenberg, and David Shambaugh eds. Myers. Lanham, MD: Rowman and Littlefield, 2001.

Marshall, T. H. Citizenship, Social Class and Other Essays. London: Cambridge University Press, 1950.

Marshall, T. H. *Class, Citizenship and Social Development.* New York: Anchor, 1965.

Massey, Douglas S. and J. Edward Taylor eds. *International Migration: Prospects and Policies in a Global Market.* Oxford, New York: Oxford University Press, 2004.

Matray, James I. "The Korean War. " In *A Companion to American Foreign Relations*, by Robert D. Schulzinger ed. , 275-291. Malden, MA: Blackwell, 2003.

McClain, Charles J. and Laurene Wu McClain. "The Chinese Contribution to the Development of American Law. " In *Entry Denied: Exclusion and the Chinese Community in America, 1882- 1943*, by Sucheng ed. Chan. Philadelphia: Temple University Press.

Mead, Lawrence. *Beyond Entitlement: The Social Obligations of Citizenship.* New York: Free Press, 1986.

Mendel, Douglas. *The Politics of Formosan Nationalism.* Berkeley: University of California Press, 1970.

Miller, Stuart C. *The Unwelcome Immigrant: The American Image of the Chinese, 1785-1882.* Berkeley: University of California Press, 1969.

Min, Zhou. *Chinatown: The Socioeconomic Potential of an Urban Enclave.* Philadelphia: Temple University Press, 1995.

Min, Zhou. *Contemporary Chinese America: Immigration, Transformation.* Philadelphia: Temple University Press, 2009.

Morgenthau, Hans J. "John Foster Dulles. " In *An Uncertain Tradition: American Secretaries of State in the Twentieth Century*, by Norman A. ed. Graebner. New York: McGraw Hill, 1961.

Nash, Kate. *The Cultural Politics of Human Rights: Comparing the US and UK.* New York: Cambridge University Press, 2009.

Nathan, Andrew J. *China's Transition.* New York: Columbia University Press, 1997.

Ngai, Mae M. *Impossible Subjects: Illegal Aliens and the Making of Modern America.* Princeton: Princeton University Press, 2004.

Nye, Joseph. *Soft Power: The Means to Success in World Politics.* New York: Public Affairs, 2004.

O'Brien, Matthew J. "New Wine in Old Skins: New Polish and Irish Immigrants and Polish-Irish- American Ethnics. " In *Irish and Polish Migration in Comparative Perspective*, by John Belchem and Klaus Tenfelde, pp. 221-

238. Essen: Klartext, 2003.

Odo, Franklin ed. *The Columbia Documentary History of the Asian American Experience.* New York: Columbia University Press, 2002.

Ohmae, Ken Ichi. *The Borderless World: Power and Strategy in the Interlinked Economy.* New York: Harper Business, 1990.

Oksenberg, Michel. "A Decade of Sino-American Relations." *Foreign Affairs*, Vol. 61, No. 1, 1982.

Ong, A. *Neoliberalism as Exception: Mutations in Citizenship and Sovereignty.* Durham: Duke University Press, 2006.

Ong, Ahiwa and Donald M. Nonini, eds. *Ungrounded Empires: The Cultural Politics of Modern Chinese Transnationalism.* New York: Routledge, 1997.

Ong, Aihwa and Stephen J. Collier eds. *Global Assemblages: Technology, Politics, and Ethics as Anthropological Problems.* MA: Blackwell Publishing, 2005.

Ong, Aihwa. *Flexible Citizenship: The Cultural Logics of Transnationality.* Durham: Duke University Press, 1999.

Pan, Lynn ed. *The Encyclopedia of the Chinese Overseas.* Cambridge: Harvard University Press, 1999.

Park, Robert E. and Ernest W. Burgess eds. *The City.* Chicago: University of Chicago Press, 1925.

Patterson, Wayne. *The Korean Frontier in America: Immigration to Hawaii, 1896-1910.* Honolulu: University of Hawaii Press, 1988.

Pedraza, Silvia. *Political Disaffection in Cuba's Revolution and Exodus.* Cambridge University Press, 2007.

Phillips, Steven. "Building a Taiwanese Republic: The Independence Movement, 1945-Present." In *Dangerous Strait: The U.S.-Taiwan-China Crisis*, by Nancy Bernkopf ed. Tucker, 44-69. New York: Columbia University Press, 2005.

Pocock, J. G. A. "The Ideal of Citizenship Since Classical Times." In *The Citizenship Debates: A Reader*, by Gershon Shafir ed., 31-41. Minneapolis: University of Minnesota Press, 1998.

Portes, A. "Conclusion: Theoretical Convergences and Empirical Evidence in the Study of Immigrant Transnationalism." *American Journal of Sociology* 37 (3), 2003: 874-92.

Portes, Alejandro and Rubén G. Rumbaut. *Immigrant America: A Portrait*. Berkeley: University of California Press, 2006.

Portes, Alejandro, Luis Eduardo Guarnizo, and William J. Haller. "Transnational Entrepreneurs: An Alternative Form of Immigrant Economic Adaptation." *American Sociological Review*, Vol. 67, No. 2, April 2002: 278-298.

Posadas, Barbara M. *The Filipino Americans*. Westport: Greenwood Press, 1999.

Proper, Emberson Edward. *Colonial Immigration Laws*. New York: Doctoral Dissertation, Columbia University, 1900.

R., Bauböck. "Towards a Political Theory of Migrant Transnationalism." *International Migration Review* 37 (3), 2003: 700-23.

Rawls, John. *A Theory of Justice*. Cambridge: Belknap Press of Harvard University Press, 1971.

Robertson, Roland. *Globalization: Social Theory and Global Culture*. London: Sage, 1992.

Rocco, Raymond. "Latino Los Angeles: Reframing Boundaries/Borders." In *The City: Los Angles and Urban Theory at the End of the Twentieth Century*, by Edward Soja and A. J. Scott eds. Berkeley: California University Press, 1996.

Ronfeldt, David and Monica Ortíz de Oppermann. *Mexican Immigration, U. S. Investment, and U. S. Mexican Relations*. Santa Monica: The Rand Corporation, 1990.

Ross, Andrew J. Nathan and Robert S. "China's Place in the World." In *The Great Wall and the Empty Fortress: China's Search for Security*, by Andrew J. Nathan and Robert S. Ross, 3-18. New York: W. W. Norton & Company, 1997.

Ross, Robert. *Negotiating Cooperation: The United States and China, 1969-1989*. Stanford: Stanford University Press, 1995.

Ross, Robert J. S. *Slaves to Fashion: Poverty and Abuse in the New Sweatshops*. Ann Arbor: University of Michigan Press, 2004.

Roy, Denny. *Taiwan: A Political History*. Ithaca: Cornell University Press, 2003.

Russell, Sharon Stanton. "Migration Patterns of U. S. Foreign Policy Interest." In *Threatened Peoples, Threatened Borders*, by Michael S. Teitelbaum and Myron Weiner, pp. 39-87. New York: W. W. Norton and Company, 1995.

Saalen, Sven and J. Victor Koschmann eds. *Pan-Asianism in Modern Japanese History: Colonialism, Regionalism, and Borders*. New York: Routledge, 2006.

Sandmeyer, Elmer C. *The Anti-Chinese Movement in California*. Urbana: University of Illinois Press, 1973 [1939].

Sassen, Saskia. *Cities in a World Economy*. London: Sage Publications Ltd., 2006.

Sassen, Saskia. *Losing Control? Sovereignty in an Age of Globalization*. New York: Columbia University Press, 1996.

Sassen, Saskia. *Territory, Authority, Rights: From Medieval to Global Assem-*

blages. Princeton: Princeton University Press, 2006.

Sassen, Saskia. "Towards Post-National and Denationlized Citizenship." In *Handbook of Citizenship Studies*, by Engin F. Isin and Bryan S. Turner ed., 277-292. London: Sage Publications, 2002.

Schiller, Nine Glick. "Transmigrants and Nation-States: Something Old and Something New in the U. S. Immigrant Experience." In *The Handbook of International Migration: The American Experience*, by Philip Kasinitz, and Josh DeWind, Charles Hirschman eds., pp. 94-119. New York: Russell Sage Foundation.

Schiller, Nine Glick, Linda Basch and Christina Szanton Blanc. "From Immigration to Transmigrant: Theorizing Transnational Migration." *Anthropological Quarterly* 68: 1, 1995.

Schlesinger, Arthur M., Jr. *The Disuniting of America: Reflections on a Multicultural Society*. New York: W. W. Norton, 1992.

Schmid, Andre. *Korea between Empires, 1895-1919*. New York: Columbia University Press, 2002.

Schumpeter, Joseph. "The Analysis of Economic Change." In *Essays of J. A. Schumpeter*, by R. V. Clemence ed., 134-42. Cambridge: Addison-Wesley, 1951.

Schutz, Alfred. *Phenomenology of the Social World*. Northwestern University Press, 1967.

Sen, Amartya. *Commodities and Capabilities*. New York: Elsevier Science Pub. Co., 1985.

Sen, Amartya. *Development as Freedom*. New York: Anchor Books, 1999.

Shafir, Gershon, editor. *The Citizenship Debates: A Reader*. Minneapolis: University of Minnesota Press, 1998.

Shain, Yossi. *Marketing the American Creed Abroad*. New York: Cambridge

University Press, 1999.

Shklar, Judith. *American Citizenship: The Quest for Inclusion. The Tanner Lectures on Human Values.* Cambridge : Harvard University Press, 1991.

Shumsky, Neil Larry. "Migration, Return Migration, and Foreign Policy: Some Reflections." In *Hyphenated Diplomacy: European Immigration and U. S. Foreign Policy 1914-1984*, by Hélène Christol and Serge Ricard, pp. 113-122. Cedex: The European Association For American Studies, 1985.

Sio, Paul C. P. "The Sojourner." *American Journal of Sociology* 58, 1: 34-44, 1952.

Skeldon, R. "Migrants on a Global Stage: the Chinese." In *Pacific Rim Development: Integration and Globalization in the Asia-Pacific Era*, by P. J. Rimmer, 222-239. Australia: Allen & Unwin, 1997.

Sklair, Leslie. *Sociology of the Global System.* Baltimore: Johns Hopkins University, 1995.

Smith, Jackie, Charles Chatfield, and Ron Pagnucco eds. *Transnational Social Movements and Global Politics: Solidarity beyond the State.* Syracuse: Syracuse University Press, 1997.

Smith, M. P. and Guarnizo, L. eds. *Transnationalism from Below.* London: Transaction Publishers, 1998.

Smith, Rogers. *Civic Ideals.* New Haven, Conn: Yale University Press, 1997.

Smith, Rogers M. "One United People: Second-Class Female Citizenship and the American Quest for Community." *Yale Journal of Law and the Humanities* 1, No. 2, 1989: 229-93.

Smith, Rogers M. *Stories of Peoplehood: The Politics and Morals of Political Membership.* New York: Cambridge University Press, 2003.

Smith, Tony. *Foreign Attachments: The Power of Ethnic Groups in the Making of American Foreign Policy.* Cambridge, Massachusetts: Harvard University Press, 2000.

Snow, David A, Burke Rochford Jr. , Steven K. Worden and Robert D. Benford. "Frame Alighment Processes, Micromobilization, and Movement Participation." *American Sociological Review*, Vol. 51, No. 4, August 1986: 464-481.

Soltero, Carlos, R. *Latinos and American Law: Landmark Supreme Court Cases.* Austin: University of Texas Press, 2006.

Somers, Margaret R. *Genealogies of Citizenship: Markets, Statelessness, and the Right to Have Rights.* New York: Cambridge University Press, 2008.

Soysal, Yasmine. *Limits to Citizenship.* Chicago: University of Chicago Press, 1994.

Spiro, Peter J. *Beyond Citizenship.* New York: Oxford University Press, 2008.

Stella, Antonio. *Some Aspects of Italian Immigration to the United States: Statistical Data and General Considerations Based Chiefly Upon the United States Censuses and Other Official Publications.* New York: G. P. Putnam's Sons, 1924.

Stigilitz, Joseph E. *Making Globalization Work.* New York: W. W. Norton & Company, 2006.

Suttles, Gerald D. *The Social Construction of Communities.* Chicago: University of Chicago Press, 1972.

Swartz, Paul and Peter Tillman. *Quarter Update: Foreign Ownership of U. S. Assets.* Council on Foreign Relations, April 16, 2010.

Faist T. , *The Volume and Dynamics of International Migration and Transnational Social Spaces.* Oxford: Oxford University Press, 2000.

Takaki, Ronald. *Strangers from a Different Shore: A History of Asian Americans.* Boston: Little Brown and Company, 1998.

Taylor, Charles. "The Politics of Recognition." In *Campus Wars: Multiculturalism and the Politics of Difference*, by John and Amy Shapiro Arthur eds. , 249-263. Boulder: Westview Press, 1995.

Teitelbaum, Myron Weiner and Michael S. "Theories of International Migration and the Role of the State." In *Political Demography, Demographic Engineering*, by Myron Weiner and Michael S. Teitelbaum, pp. 85-106. New York: Berghahn Books, 2001.

Teubner, Gunther ed. *Global Law without a State.* Aldershot: Dartmouth Publishing, 1997.

Thomas, William I. , and Florian Znaniecki. *The Polish Peasant in Europe and America.* New York: Dover, 1958.

Tien, Hung-mao. *The Great Transition: Political and Social Change in the Republic of China.* Taipei: SMC Publishing Inc. , 1989.

Tilly, Charles. "Where Do Rights Come From?" In *Democracy, Revolution, and History*, by Theda Skocpol ed. , pp. 55-72. Ithaca: Cornell University Press, 1998.

Tölöyan, Khachig. "The American Model of Diasporic Discourse." In *Diasporas and Ethnic Migrants: Germnay, Israel and Post-Soviet Successor States in Comparative Perspective*, by Rainer Münz and Rainer Ohliger, pp. 56-74. London: Frank Cass, 2003.

Totten, Christine M. "Elusive Affinities: Acceptance and Rejection of the German-Americans . " In *America and the Germans: An Assessment of A Three-Hundred-Year History*, Vol. 2, *The Relationship in the Twentieth Century*, by Frank Trommler and Joseph McVeigh eds. , pp. 169- 184. Philadelphia: University of Pennsylvania Press, 1985.

Toyota, Tritia. *Envisioning America: New Chinese Americans and the Politics of Belonging.* Stanford: Stanford University Press, 2010.

Tseng, Yen-Fen. "From 'Us' to 'Them': Diasporic Linkages and Identities Politics." *Identities*, Jul-Sep 2002, Vol. 9, Issue 3: 383-405.

Tsuzuki, Chushichi. *The Pursuit of Power in Modern Japan, 1825-1995.* Oxford: Oxford University Press, 2000.

Tucker, Nancy Bernkopf. "Strategic Ambiguity or Strategic Clarity?" In *Dangerous Strait The U. S. -Taiwan-China Crisis*, by Nancy Bernkopf Tucker, 186-212. New York: Columbia University Press, 2005.

Tucker, Nancy Bernkopf. *Taiwan, Hong Kong, and the United States, 1945-1992: Uncertain Friendships.* New York: Twayne Publishers, 1994.

Turner, Bryan S. *Citizenship and Capitalism: The Debate Over Reformism.* Boston: Allen & Unwin, 1986.

Ueda, Reed. "An Immigration Country of Assimilative Pluralism: Immigrant Reception andAbsorption in American History." In *Migration Past, Migration Future: Germany and the United States*, by Klaus J. Bade and Myron Weiner, pp. 39-64. Providence: Berhahn Books, 1997.

Vogel, Ezra F. *The Four Little Dragons: The Spread of Industrialization in East Asia.* Cambridge: Harvard University Press, 1991.

Wade, Robert. "Globalization and Its Limits: Reports of the Death of the National Economy Are Greatly Exaggerated." In*National Diversity and Global Capitalism*, by Suzanne Berger and Ronald Dore, 60-88. Ithaca: Cornell University Press, 1996.

Wade, Robert. *Governing the Market: Economic Theory and the Role of Government in East Asian Industrialization.* Princeton : Princeton University Press, 1992.

Walzer, Michael. *Sphere of Justice: A Defense of Pluralism and Equality.* New

York: Basic Books, 1983.

Walzer, Michael. "What Does It Mean to Be an 'American'?" *Social Research* 57, 1990: no. 3 p. 602.

Wang Ling-chi, Wang Gungwu. *The Chinese Diaspora*. Singapore: Time Academic Press, 1998.

Wang, Jisi. "The Origins of America's Two China's Policy." In *Sino American Relations, 1945-1955: A Joint Reassessment of a Critical Decade*, by Harry and Yuan Ming Harding. Wilmington, DE: Scholarly Resources Books, 1989.

Wang, Ling-chi. "Roots and the Changing Identity of the Chinese in the United States." In *The Living Tree*, by Tu Wei-ming ed. Stanford: Stanford University Press, 1994.

Weber, Max. *Economy and Society*. Berkeley: University of California Press, 1978.

Weber, Max. *The City*. New York: Free Press, 1958.

Wei, Eswar Prasas and Shang-Jim. *Understanding the Structure of Cross-border Capital Flows: The Case of China*. IMF, 2005.

Weil, Martin. "Can the Blacks Do for Africa What the Jews Did for Israel?" *Foreign Policy*, summer 15, 1974.

Weiner, Myron. "Asian Politics and U. S. Foreign Policy." In *Immigration and U. S. Foreign Policy*, by Tucker et al., Westview Press, 1990.

Weiner, Myron. *The Global Migration Crisis: Challenges to States and to Human Rights*. New York: Harper Collins College Publishers, 1995.

Wilson, William Julius. *When Work Disappears: The World of the New Urban Poor*. New York: Alfred Knopf, 1996.

Wong, Bernard P. *Chinatown, Economic Adaptation and Ethnic Identity of the Chinese*. New York, N. Y.: Holt, Rinehart and Winston, 1982.

Wong, Bernard P. *Patronage, Brokerage, Entrepreneurship, and the Chinese Community of New York*. New York: AMS Press, 1988.

Woo-Cumings, Meredith ed. *The Developmental State*. Ithaca: Cornell University Press, 1999.

Xiaozhao. *The New Chinese America: Class, Economy, and Social Hierarchy*. New Brunswick: Rutgers University Press, 2010.

Yang, Carole. *Our Stories: Life Stories of Sixteen Taiwanese American Couples*. Upland: North America Taiwanese Women's Association, 2004.

Young, Iris Marion. *Justice and the Politics of Difference*. Princeton : Princeton University Press, 1989.

Yung, Judy, Gordon H. Chang, and Him Mark Lai eds. *Chinese American Voices: From the Gold Rush to the Present*. Berkeley: University of California Press, 2006.

Zolberg, Aristide. "Matters of State: Theorizing Immigration Policy." In *The Handbook of International Migration: The American Experience*, by Philip Kasinitz and Josh DeWind eds. Charles Hirschman. New York: Sage, 1999.

Zolberg, Aristide R. *A Nation by Design: Immigration Policy in the Fashioning of America*. Cambridge: Harvard University Press, 2006.

Zolberg, Aristide R. "The Great Wall against China: Response to the First Immigration Crisis, 1885-1925." In *Migration, Migration History, and History*, Lucassen, J. and L. Lucassen eds. Bern, Switzerland: Peter Lang Publishing Group, 2005.

Zubrzycki, Jerzy. *Soldiers and Peasants: The Sociology of Polish Migration*. London: Orbis Books, 1988.

A Report Prepared at the Request of Senate Edward M. Kennedy, Chairman, Committee on the Judiciary United States Senate. "History of the Immigration and Naturalization Service," 1980.

A Report Prepared for the Use of the Subcommittee on Immigration and Refugee Affairs, Committee on the Judiciary United States Senate. "U. S. Immigration Law and Policy, 1952- 1986," 1988.

An Explanation of the Fair Labor Standards Act of 1938. United States Department of Labor, 1938.

Silverberg, Louis. A Guide to the National Labor Relations Act: Procedures and Practices. National Labor Relations Board, 1946.

Hew Task Force for Indochina Refugees Report to Congress. March 15, 1976.

History of the Immigration and Naturalization Service, The Congressional Research Service, Library of Congress, Ninety-sixth Congress, Second Session. Washington: U. S. G. P. O. , 1980.

Immigration Policy and the National Interest, The Final Report and Recommendations of the Select Commission on Immigration and Refugee Policy with Supplemental Views by Commissioners, Section I. International Issues, pp. 19-34, 1981.

The Bretton Woods Proposals. Washington D. C. : U. S. Treasury, Feb 15, 1945.

The Reports of the Immigration Commission on Immigration Legislation. Washington D. C. : Government Printing Office, 1910/1911.

U. S. Immigration Law and Policy: 1952-1986: a Report Prepared for the Use of the Subcommittee on Immigration and Refugee Affairs, Committee on the Judiciary, United States Senate, The Congressional Research Service, Library of Congress. Washington: U. S. G. P. O. , 1988.

"A Snapshot of a Portrait of Chinese Americans." Washington D. C. : Asian

American Studies Program, University of Maryland, 2008.

Federation, Asian American. "Revitalizing Chinatown Business: Challenges and Opportunities." New York, NY, 2008.

"The China Effect: Assessing the Impact on the US Economy of Trade and Investment with China." Oxford Economics and the Signal Group, The China Business Forum, 2006.

"US-China Trade Statistics and China's World Trade Statistics through 2008," The U. S. China Business Council. http://www.uschina.org/statistics/tradetable.html.

World Trade Indicators 2008, The World Bank Group. http://info.worldbank.org/etools/wti2008/1a.asp, 2007.